JOHANNES XXIII

Weisheit eines weiten Herzens

JOHANNES XXIII.

Weisheit eines weiten Herzens

Zur Seligsprechung
des Papstes am 3. September 2000

Herausgegeben von
Maria Otto und Franz Johna

Mit einem Geleitwort von
Frère Roger, Taizé

HERDER
FREIBURG · BASEL · WIEN

Umschlaggestaltung: Finken & Bumiller, Stuttgart
Umschlagmotiv: Hulton Getty Collection 1962

Alle Rechte vorbehalten – Printed in Germany
© Verlag Herder Freiburg im Breisgau 2000
Herstellung: Clausen u. Bosse, Leck
Gedruckt auf umweltfreundlichem,
chlorfrei gebleichtem Papier
ISBN 3-451-27319-5

INHALT

	Glücklich, wer im Herzen einfach ist	7
	Vorwort	11
I.	*Die Armut hat mich von Kindheit an in ihre Arme geschlossen*	13
I.	*Der Herr ist mit den Großmütigen*	25
III.	*Geduld, die bittere Wurzeln hat, aber süße Früchte trägt*	39
IV.	*Was ist unser Glaube wert?*	49
V.	*Die Milde ist unsere Stärke*	63
VI.	*Giovanni, nimm dich nicht so wichtig*	73
VII.	*In den Tag hineinleben*	83
VIII.	*Sich immer in die Haut des anderen hineindenken*	95
IX.	*Wir sind geschaffen, uns ewig zu lieben*	107
X.	*Ich denke immer an die Einfachheit unserer Felder*	115
XI.	*Eine heilige Freude soll mich niemals verlassen*	129
	Quellenhinweise	141

GLÜCKLICH,
WER IM HERZEN EINFACH IST

In der Mitte des zwanzigsten Jahrhunderts erschien ein Mann, dessen Name Johannes war. Er wurde in einer einfachen norditalienischen Bauernfamilie geboren. Die umfassende pastorale Aufgabe, die ihm im hohen Alter übertragen wurde, hat ihm gewiss eine außergewöhnliche Intuition für die Versöhnung der Christen eingebracht.

Als er 1959 ein Konzil ankündigte, sagte dieser Mann – Johannes XXIII. – ein Wort von äußerster Lauterkeit. Es kann jene Gemeinschaft der Liebe umgestalten, die Kirche genannt wird. Ein klärendes Wort: »Wir werden keinen historischen Prozess aufrollen. Wir werden nicht untersuchen, wer Unrecht hatte und wer im Recht war. Die Verantwortung ist geteilt. Wir werden einfach sagen: Versöhnen wir uns!«

In einer einfachen, allen verständlichen Sprache vermochte Johannes XXIII. Erfahrungen in Worte zu kleiden, die ermutigen, neue Schritte zu tun und nicht säumig auf Unglückspropheten zu hören. Am Tag der Eröffnung des Konzils sagte er: »In der derzeitigen Lage der Gesellschaft nehmen die Unglückspropheten nur Missstände und Fehlentwicklungen zur

Kenntnis. Sie sagen, dass sich unsere Zeit im Vergleich zur Vergangenheit nur zum Schlechteren hin entwickle. Sie tun so, als ob früher alles vollkommen gewesen wäre. Sie sagen immer nur Unheil voraus, als stünde der Untergang der Welt unmittelbar bevor.«

Ein anderes Wort – er sprach es ebenfalls zu Beginn des Konzils – erstaunt durch seine intuitive Kraft und bleibt unverändert aktuell: »Heutzutage zieht es die Kirche vor, eher das Heilmittel der Barmherzigkeit anzuwenden, als zur Waffe der Strenge zu greifen.«

Einmal gab uns der Papst bei einer Privataudienz zu verstehen, dass er ab und zu Mühe habe, seine Intuitionen in die Tat umzusetzen. Er vertraute uns an, auf welche Weise er seine Entscheidungen manchmal im Gebet traf. »Ich spreche mit Gott«, sagte er. Und nach einem Augenblick Stille: »Aber ganz schlicht, ganz einfach!« Und dann, sagte er zu uns, würde ihm bisweilen das eine oder andere Wort eingegeben; sobald er es aber andern mitteilen wolle, bliebe ihm hier und da das Wort im Hals stecken! Aber schließlich brächte er es doch heraus.

Unsere letzte Begegnung fand am 25. Februar 1963 statt, kurze Zeit vor seinem Tod. Wir waren zu dritt, Frère Max, Frère Alain und ich. Im allerletzten Gespräch eröffnete uns Johannes XXIII. seine Sicht der Versöhnung, nicht nur unter Christen, sondern unter allen Menschen. Er sprach zu uns über den Weltfrieden. Er war erstaunt, dass seine Eingaben von dem einen oder anderen Regierungsverantwortlichen ernst genommen wurden. Sein Aufruf in der schweren Krise um Kuba, in der sich Russen und Amerikaner gegenüber standen, war zu seiner Überraschung gehört worden, und der Konflikt, nachdem er sich zu Wort gemeldet hatte, abgeklungen.

Der Papst war im Begriff, einen Brief, eine Enzyklika, über den Frieden zu veröffentlichen: »Pacem in terris«. Er erzählte uns, wie ihm der Gedanke dazu in der Nacht des Festes der Erscheinung des Herrn gekommen war. In diesem Brief unterstrich er das Ungenügen der Weltorganisationen für das universale Gemeinwohl, »welches die gesamte Menschheitsfamilie angeht«. Er schlug vor, eine »politischen Gewalt« einzusetzen, »deren Wirksamkeit sich über den ganzen Erdkreis erstrecken muss, eine Autorität mit universaler Kompetenz, eine übernationale oder weltweite Macht.«

Johannes XXIII. verstand es, über die unmittelbaren Gegebenheiten hinauszuschauen. Er ließ sich nicht erschüttern, wenn jemand das Schlimmste an die Wand malte. Und dennoch machte er schmerzliche Erfahrungen. Bei der letzten Begegnung sahen die beiden Brüder und ich, wie ihm Tränen in die Augen stiegen, weil – wie er uns sagte – manche seiner Absichten missdeutet worden waren. Das war die einschneidendste Anfechtung, aber er ließ sich nicht in ihren Abgrund fallen.

Noch heute lese ich ab und zu in den Worten Johannes' XXIII. Gern rufe ich mir dieses in Erinnerung: »Eigenliebe lähmt den Geist, der sich entfalten will, und führt zur Trübsal.« Davon war er so tief überzeugt, dass er nahe legte, »sich selbst unter die eigenen Füße zu stellen«. In Zeiten der Bedrängnis sagte er schlicht: »Ich bin wie ein Vogel, der im Dornbusch singt.« Gleich ihm möchten auch wir bei all unsern Dornen lieber Freude weitergeben. Welche Freude? Die Freude darüber, dass Christus ausnahmslos jeden Menschen liebt.

Johannes XXIII. vermochte sich zu freuen. Sein Leben in inniger Gemeinschaft mit Gott gab ihm die Kraft, mit einem Blick voll Frieden auf sich und die andern zu schauen. Er war ein Mensch der ersten Seligpreisung im Evangelium: »Glücklich, wer im Herzen einfach ist.«

Frère Roger, Taizé

VORWORT

Es gibt »Texte« genug, die in sich selber beruhen, die man ohne weiteres als Wegweiser für das tägliche Leben, als Anleitung zur Meditation benützen kann. Die Worte, die Johannes XXIII. gesagt und geschrieben hat, kann man nicht von ihm trennen; sie sind mit seinem Wesen eins. Es ist nicht so, als bedeuteten seine Worte für sich allein nichts, aber sie bekommen erst ihr volles Licht, wenn sie durch seine lebendige Gestalt aufscheinen. Erst wenn sie zuvor sein Bild zeichnen, gewinnen sie ihre eigene Prägnanz. So werden sie zu einer Weisung der Gnade Gottes, nicht wie sie einen Menschen bevorzugt, sondern wie sie sich in einem Menschen verleiblicht.

Zu solcher Weisung sind die privaten Äußerungen Angelo Roncallis wohl am besten geeignet. Die aus seinen Briefen an die Familie und aus seinem Tagebuch genommenen Auszüge haben noch ein wenig die Witterung ihrer besonderen Umstände: Es wurde mitunter absichtlich etwas »Erde« daran gelassen. Manchmal merkt man erst bei aufmerksamem Hinhören, was da in einem Satz erklingt oder welche Spannung darin schwirrt. Die beharrliche Wiederkehr ähnlicher Motive unterstreicht die Wichtigkeit und den Anteil, den der Briefschreiber ihnen im Leben eingeräumt hat. So mag es ganz von selbst geschehen, dass sich nach und nach aus einigen charakteristischen Strichen und vielen darin einstimmenden Tönungen das Porträt des Papstes Johannes zusammenfügt, das ihn »sprechend« macht. Seine Worte sind von befreiender Einfachheit. Sie vermitteln die Glaubenserfahrung, die Güte, das Vertrauen und die Gelassenheit eines Menschen, der der ständigen Gegenwart Gottes gewiss ist.

Er wird zum Lehrer, nur indem er zum Freund wird, so sehr, daß jeder, der will, das Wort aus einem Brief vom 10.9.1940 auf sich beziehen kann: »Ich werde immer für dich da sein.«

Die Herausgeber

I

*Die Armut
hat mich von Kindheit an
in ihre Arme geschlossen*

*Die Armut hat mich von Kindheit an
in ihre Arme geschlossen*

∼

Die Armut hat mich von Kindheit an in ihre Arme geschlossen, und sie entläßt mich auch jetzt nicht, da ich Bischof bin.

An die Schwestern Ancilla u. Maria, 25.6.1926

Ich will mich bemühen, mir über meine Zukunft keine Sorge zu machen und mich deshalb von keinerlei Gerüchten, so wohlwollend und zutreffend sie auch scheinen, beunruhigen zu lassen. Ich bin arm geboren und werde und will arm sterben: Ich bin sicher, daß die göttliche Vorsehung es zur gegebenen Zeit – wie in der Vergangenheit – auch in der Zukunft mir nicht an dem Nötigen fehlen lassen wird, und sie wird mir darüber hinaus auch das Angemessene und Überfließende zuteilen. Wehe mir, wenn ich auch nur im geringsten mein Herz an irdische Güter hänge! *Exerzitien, 27.9. – 3.10.1914*

Zunächst kommt es darauf an, daß ich mich niemals meiner Armut schäme, sondern mich im Gegenteil sehr darüber freue, so wie die Herren der

Welt auf ihre berühmten Namen, ihre Adelstitel, ihre Robe stolz sind. Ich gehöre zur Familie Christi; was verlange ich mehr?

Fehlt mir etwas? Gottes Vorsehung wird für alles reichlich sorgen, wie sie es bis heute immer getan hat. Ich muß stets daran denken, daß die ganze wenige Habe, die meine Eigenliebe als eigenen Erwerb ansieht, ganz und gar nicht mir gehört. Ich muß mich davon überzeugen, daß ohne die besondere Liebe, die mir Jesus erwiesen hat, ich heute nichts anderes als ein armer Bauer wäre, der einfachste, unwissendste und vielleicht schlechteste von allen.

Exerzitien, 10.–20.12.1902

Mit Recht habe ich Dir gesagt, daß Du Dir wegen der Kuh keine Sorgen mehr machen sollst, weil ich das erledige. Ich füge nichts weiter hinzu. Die Zeiten sind so, daß man äußerst umsichtig wirtschaften muß, und auch dabei bleibt immer noch genug auszuhalten. Hoffen wir, daß die Ernte gut ausfällt: Vor allen Dingen müssen wir die Geduld und das Vertrauen auf Gott, der uns nicht verläßt, bewahren. *An den Bruder Giuseppe, 19.5.1948*

*Die Armut hat mich von Kindheit an
in ihre Arme geschlossen*

Dadurch, daß wir die hauptsächlichen Dinge miteinander geteilt haben, nämlich unsere Armut, wird es Euch doch bewußt, daß Euer Bruder sich durchaus nicht von Euch getrennt fühlt. Ganz besondere Glückwünsche also Euch beiden: gute Gesundheit, Sanftmut des Geistes, Einfachheit des Herzens, innere und auch äußere Freude und schließlich Geduld und Liebe. Das in Verbindung mit ein bißchen Armut und Entsagung wie beim heiligen Franziskus bedeutet ein kleines Paradies auf Erden. *An die Schwestern Ancilla u. Maria, 23.3.1949*

Ich habe mir ein Haus zugelegt und es den Bedürfnissen entsprechend eingerichtet. Und doch läßt mich der Herr, vielleicht mehr als jemals zuvor, die Schönheit und die Süße der Armut im Geiste empfinden ... Ich will mich bemühen, solange ich lebe, diese Bereitschaft, mich von allem persönlichen Besitz – selbst von den Dingen, die mir am liebsten sind – zu lösen, lebendig zu bewahren.

Exerzitien, 28.4. - 3.5.1919

*Die Armut hat mich von Kindheit an
in ihre Arme geschlossen*

Vertrauen wir auf die Vorsehung, auch wenn sie uns gerade nur das Notwendigste gibt, damit wir immer der Liebe zur Armut, die unser wirklicher Reichtum und unser Adel ist, treu ergeben sind.

Macht weiter wie bisher, seid sparsam, aber zugleich ohne Ängstlichkeit.

An die Schwestern Ancilla u. Maria, 26.2.1950

Die Vorsehung wird uns von einem Mal zum andern helfen. Zur Zeit haben wir keine Schulden, und das ist schon viel. Wenn es mir gelingt, arm zu sterben, ist dies eine große Ehre für mich, da ich arm geboren bin.

... Bittet den Herrn, daß er mich vor größerer und schwererer Würde und Verantwortung als die, die ich jetzt habe, bewahre ... Ich empfehle mich deshalb besonders den Gebeten der Mutter, damit mir der Herr gewähre, immer demütig und einfach zu bleiben, bei Verachtung und Ablehnung irdischer Größe. *An die Schwestern Ancilla u. Maria, 10.2.1929*

*Die Armut hat mich von Kindheit an
in ihre Arme geschlossen*

Wenn Du darüber hinaus etwas brauchst, laß es mich durch Enrica wissen. Ich zähle Dich zu meinen vielen Armen von hier. Ach, welch ein Geheimnis ist für mich das Geheimnis der Armut. Aber auch das lüftet sich, wenn ich es in Jesus sehe, der als Herr allen Reichtums für uns und mit uns arm sein wollte.

An den Bruder Giovanni, 28.1.1956

Ich verstehe, daß Eure Sorgen in diesem Moment wirtschaftlicher Art sind. Nun gut, hört. Im Augenblick habe ich nichts als Schulden bei der Bank. Aber ich bin sicher, wie zwei und zwei vier sind, daß die göttliche Vorsehung mir bald helfen wird. Ich werde also die Bank bitten können, Euch das zu geben, was Ihr braucht.

An den Bruder Saverio, 28.12.1939

Mit den Gedanken und mit dem Herzen bin ich bei Euch. Wenn ich manchmal über die Armut nachdenke, in der Ihr lebt, leide ich ein wenig. Dann aber tröste ich mich mit dem Gedanken, daß viele andere geistliche Gnadengaben diese Eure Not begleiten, mit denen der Herr unser Haus reich

*Die Armut hat mich von Kindheit an
in ihre Arme geschlossen*

macht, die gute Gesundheit, der Friede, die Gottesfurcht, das ruhige Gewissen usw., alles Dinge, die mehr wert sind als große Güter und Reichtum.

An den Vater, 20.6.1928

Das mit dem Kindergarten ist das erste Wohltätigkeitswerk für eine Pfarrgemeinde, und wenn es gelingen sollte, ihn ausgerechnet in dem Haus zu errichten, das die ersten Roncallis gebaut haben, als sie aus dem Imagnatal nach Sotto il Monte kamen, und dies dann als Erbe für die erste Heranbildung der unschuldigen Kinder unserer armen, guten Leute zu hinterlassen, das scheint mir das schönste Werk, das ich als Sohn armer Leute und als Bischof der heiligen Kirche tun könnte.

Bei den guten Werken darf man nicht auf die Kleinigkeiten schauen, auf Fehler und Irrtümer, die hier und dort vorkommen können. Wir sind alle fehlerhaft. Sich gegenseitig in der Stille und mit Liebe verzeihen, gibt den Werken des Herrn mehr Schwung, schenkt Trost und Frieden.

An die Schwestern Ancilla u. Maria, 28.4.1943

*Die Armut hat mich von Kindheit an
in ihre Arme geschlossen*

Bevor ich schließe, möchte ich gerne für den Besuch danken, den Ihr mir gemacht habt und der in mir eine so große Freude hinterlassen hat. Es ist nicht ausgeschlossen, daß ich eines Tages in Reims auftauche und Euch besuche. Mein kirchlicher Beruf hat mir eine soziale Stellung verschafft, die sich von der Eurigen unterscheidet. Wie Ihr aber gesehen habt, kümmert mich dies nicht. Es drängt mich im Gegenteil, gut und gefällig zu den Meinen und zu den kleinen Leuten überhaupt zu sein, denn wir sind ja alle Brüder, und wer in der Kirche eine Würde trägt, muß um so mehr den Einfachen und Armen zugeneigt sein. Was Würde verleiht, ist nicht das Vermögen oder der Adel der Geburt, sondern die Würde des Lebens, der Tugend, die Würde der Arbeit. *An die Kusine Agnese, 4.3.1946*

Nachdem dieses Geschäft einmal abgeschlossen ist, werde ich mich freier und gelöster fühlen, mich der Nächstenliebe und Wohltätigkeit zuwenden, wie ich kann und wie es im übrigen sich für einen Mann der Kirche ziemt, der nie Geld und die Schätze dieser Erde gesucht hat, sondern sich in allem der Vorsehung anvertraut. Wenn der Vorschlag, den Du,

*Die Armut hat mich von Kindheit an
in ihre Arme geschlossen*

Giovanni, mir gemacht hast, gelingt, dann werde ich wieder ärmer sein. Der Herr, der sehr reich ist, wird sich meiner annehmen. *An den Bruder Giovanni, 3.1.1943*

Arm, aber als Kind ehrbarer und bescheidener Leute geboren, bin ich besonders froh, arm zu sterben, nachdem ich das, was mir übrigens in sehr bescheidenem Maß – im Lauf der Jahre als Priester und Bischof zur Verfügung stand, nach den verschiedenen Umständen und Erfordernissen meines einfachen und bescheidenen Lebens an die Armen und an die heilige Kirche, die mich ernährt hat, verteilt habe. Scheinbarer äußerer Wohlstand verbarg oft schmerzlich empfundene Armut und hinderte mich, mit der Freigebigkeit auszuteilen, wie ich gewollt hätte. Ich danke Gott für diese Gnade der Armut, die ich schon in meiner Jugend gelobt habe: Armut im Geiste, als Priester des Heiligsten Herzens, und wirkliche Armut. Sie hat mir die Kraft gegeben, nie etwas zu erbitten, weder Posten noch Geld, noch Gunst erweise, niemals, weder für mich noch für meine Angehörigen oder meine Freunde.

Geistliches Testament, 29.6.1954

*Die Armut hat mich von Kindheit an
in ihre Arme geschlossen*

Damit Ihr beiden Euch nicht die Demütigung auferlegen müßt, mich jedes Mal fragen zu müssen, wenn ihr etwas Geld für Euch selbst braucht, und weil sich andererseits mir nicht immer die bequeme Möglichkeit bietet, Euch wie im vergangenen Jahr Geldscheine zu schicken, habe ich nach reiflicher Überlegung mit dem Rev. Pietro Favettini, den Ihr gut kennt, eine Vereinbarung getroffen. Wenn Ihr Geld braucht, so wendet Euch an ihn. Ihr braucht Euch nicht zu genieren, darum zu bitten, denn er gibt Euch von meinem Geld, das ich nach und nach, wie es mir gerade möglich ist, bei der Bank hinterlege.

An die Schwestern Ancilla u. Maria, 9.2.1928

Glaubt nicht an die aufgehäuften Reichtümer der Ausbeuter, die nicht nur ihre Ehre verlieren und das Zeugnis des guten Gewissens preisgeben, sondern schließlich vor Gott, vor den Menschen, für jetzt und für die Zukunft alles kompromittieren.

An die Schwestern Ancilla u. Maria, 25.6.1942

*Die Armut hat mich von Kindheit an
in ihre Arme geschlossen*

Damit ihr am Weihnachtstag an mich denkt, schicke ich euch den letzten 100-Lire-Schein, der mir von der Rückreise aus Italien verblieben ist. Ich habe in diesem Jahr ein bißchen zuviel verschossen, deshalb muß ich mir jetzt etwas größere Sparsamkeit auferlegen. Aber keine Angst. Ich bin ein Kind der Vorsehung, und die Vorsehung läßt es weder mir noch euch am Notwendigsten fehlen, sie wird uns zur rechten Zeit auch das, was wir brauchen, geben. Das bißchen Geld, das ich euch jetzt schicke, soll für das Weihnachtsessen sein und für nichts anderes.

An die Eltern, 20.12.1927

II

*Der Herr ist
mit den Großmütigen*

Der Herr ist mit den Großmütigen

∼

Das Vertrauen auf Gott und die Großmut des Herzens werden Dein Schutz und Deine Rettung sein. Der Herr ist nicht mit den Furchtsamen, sondern mit denen, die sich anstrengen, geduldig und großmütig zu sein. *An den Bruder Saverio, 10.7.1917*

Man muß mit allem fertigwerden, auch wenn es einmal hart oder kalt zugeht. »Das schöne Gefäß kommt zustande zwischen Amboß und Hammer«, sang Jacopone da Todi. Es macht nicht einmal Spaß, das Gute ohne Schwierigkeit zu tun. Möge dir der Herr die Gnade der inneren Freude und der guten Einsicht erhalten und auch – wenn du willst – die der Geduld und Milde, die dem Leben wahre Poesie verleiht. *An die Nichte Teresa, 6.1.1948*

Aber ich will nicht Priester werden aus menschlichen Rücksichten, um Geld zu verdienen, um Bequemlichkeit, Ehren und Vergnügungen zu finden. Schlimm wär's! Sondern vielmehr und allein, um nachher dem armen Volk auf irgendeine Weise Gutes zu tun. *An die Eltern, 16.1.1901*

Freilich fällt es mir sehr schwer, wieder einmal fort zu müssen: Und wer weiß, wie oft ich noch fort muß und wiederkommen kann? Aber der Gedanke, daß mit dem Fortmüssen und Zurücklassen der Wille des Herrn erfüllt wird, gibt Kraft, den Abschiedsschmerz zu ertragen und den eigenen Weg zu gehen. *An den Vater, 15.10.1927*

Der Herr vereint und trennt uns im Leben, um uns dann aufs neue und für immer wieder zu vereinen. Diese Trennung aber ist immer mit Schmerz und großem Leid verbunden. Opfern wir alles dem Herrn auf, der gut ist und barmherzig.

An Vetter u. Kusinen, 7.2.1928

Mit großer innerer Ruhe gehe ich an meine tägliche Arbeit. Sie hat ihre Mühsal, wenn auch weniger, als ich bei anderen sehe, die in scheinbar erstrebenswerter Stellung sind. Außerdem muß ich sagen, daß ich gern aus Rom weggegangen bin. Es verdroß mich, dort die vielen kleinen menschlichen Erbärmlichkeiten mit ansehen zu müssen. Jeder sucht einen Posten zu erhalten und Karriere zu machen und ist mit dem Geschwätz darüber beschäftigt. Welch eine Herabsetzung des Priesterlebens, nur seine eigene Bequemlichkeit im Auge zu haben, statt um die Ehre des Herrn und das Kommen seines Reiches besorgt zu sein.

Betet darum, daß Euer Bruder dem Ehrgeiz nach Ansehen in der Kirche und materiellem irdischem Wohl immer fern bleibe! Auch für Euch ist das sicher besser.

An die Schwestern Ancilla u. Maria, 24.10.1928

Der Laienbruder Tommaso, der meine Zelle sauber macht und mich bei Tisch bedient, dieser gute Bruder regt mich zur Betrachtung an. Über das Jünglingsalter ist er schon hinaus; sein Benehmen ist höflich, die große schlanke Gestalt verhüllt ein langer schwarzer Habit ...

Immer ist er frohen Mutes ... Sein Leben wird von der Demut bestimmt. Einfach wie ein Geschöpf, das keine bestechenden Ideale und kein blendendes Gepränge kennt, ist er der Diener aller, ein einfacher Laienbruder, fürs ganze Leben. Gemessen an der Tugend dieses Laienbruders bin ich wirklich ein Nichts. Ich sollte den Saum seiner Kutte küssen und auf ihn hören wie auf einen Lehrer. Und doch bin ich, nahezu Priester, mit reichen Gnaden überhäuft! Wo ist mein Geist der Buße, der Demut, meine Bescheidenheit, mein Geist des Gebetes, meine wahre Weisheit? Ach, Bruder Tommaso, wieviel vermagst du mich zu lehren.

Exerzitien vor der Priesterweihe, 1. – 10.8.1904

Hier bei den Jesuitenpatres beobachte ich jeden Abend vom Fenster meines Zimmers aus eine Ansammlung von Booten auf dem Bosporus. Zu Dutzenden, zu Hunderten tauchen sie vom Goldenen Horn auf. Sie treffen sich an einem bestimmten Punkt und entzünden dann ihre Lichter. Manche hell, manche weniger hell, ein farbenprächtiges, eindrucksvoll leuchtendes Bild ... Es handelt sich um den gemeinsam organisierten Fang von »Palamiten«, großen Fischen, von denen es heißt, daß sie aus den entlegensten Teilen des Schwarzen Meeres kommen. Die Lichter scheinen die ganze Nacht, und von ferne hört man die fröhlichen Stimmen der Fischer.

Dieses Schauspiel ergreift mich. In der vergangenen Nacht setzte gegen ein Uhr ein starker Regenguß ein; die Fischer aber blieben unermüdlich bei ihrer beschwerlichen Arbeit. Dieses Bild ist wie ein Gleichnis. Eine Vision der Arbeit, des Eifers und der uns gestellten apostolischen Aufgabe ... Laßt uns den Fischern vom Bosporus nacheifern, Tag und Nacht, mit der brennenden Fackel arbeiten, jeder in seinem kleinen Boot, nach den Weisungen der geistlichen Führer.

Exerzitien, 12. - 18.11.1939

Fürchtet nichts für mich. Meine Arbeit dauert im Dienste der Kirche an. Ich bin ein kleiner und bescheidener Diener, aber alles wird groß, wenn das Herz rein und gerade ist. Dies sind Zeiten, in denen ein Priester, ein Bischof, sich selbst vergessen muß, um ganz in der Ausübung der Nächstenliebe und des guten Apostolats aufzugehen.

An die Familie, 16.10.1943

Und gestern Abend traf vom Vatikan ein Telegramm ein, das mir ankündigt, daß der Heilige Vater mich zum Apostolischen Nuntius in Paris bestimmt hat. Ich traute meinen Augen nicht, so fern lag mir der Gedanke an eine so große Ehre und eine so hohe Verantwortung ...

Ich kann Euch nicht sagen, was ich empfinde. Ein großes Mißtrauen gegen mich und Angst vor mir selbst und vor meinen Kräften, ob sie eine so schwere Bürde tragen können, und gleichzeitig ein noch größeres Vertrauen auf den Herrn, der mir helfen wird. Daß der Heilige Vater unter so vielen reifen, gelehrten und heiligen Prälaten gerade auf mich hier verfallen ist ... ist gewiß ein Akt der Vorsehung, die sich der bescheidensten Kreaturen bedient, gerade soweit sie keine Ansprüche haben, um sie nach ihrem Plan zur Ehre Gottes arbeiten zu lassen.

Wieviel dringender muß ich mich nun bemühen, heilig zu werden, und welche Hilfe werden mir gerade Eure einfachen Gebete sein! Es kann sein, daß Paris mein Kalvaria wird und daß es eines armen Mannes, wie ich es bin, bedarf, daß er sich dort aufopfernd im Dienste des Heiligen Stuhles verzehre, in so ungewissen und so schwierigen Zeiten religiöser Erneuerung ...

Der Herr ist mit den Großmütigen

Ich kann Euch den Schmerz nicht sagen, den ich empfinde, wenn ich mich nun von meinen Kindern und Brüdern in Istanbul trennen muß, wo ich nun volle zehn Jahre Vater und Hirte war. Nun in Paris gibt es keinen seelsorglichen Dienst mehr, der mir doch so liegt und um dessentwillen ich Priester geworden bin.
An die Familie, 7.12.1944

Die Welt braucht so viel Frieden, und der Herr wird ihn uns in dem Maß gewähren, wie wir uns anstrengen, den guten Frieden unter uns zu fördern.

An die Schwestern Ancilla u. Maria, 12.2.1940

Mein Amt in Paris bringt schwere Verantwortung und Sorge mit sich. Ständig ist es von Mühsal begleitet. Gleichwohl sehe ich, daß der Herr fortfährt, mich zu verwöhnen. Doch halte ich mich auf alles gefaßt. Es gibt kein Werk des Herrn, das nicht auf dem Opfer gegründet ist. Es kann sein, daß dem Herrn das tägliche Opfer meines Willens genügt, an das ich mich nun seit so vielen Jahren gewöhnt habe, seit ich davon überzeugt bin, daß ich wirklich nichts bin und der Herr alles macht, und so bin ich zu jedem Verzicht bereit. Diese Gewohnheit ist ein Opfer, sie gleicht einem täglichen Bußgewand, das man immer trägt. Und deshalb ist der Herr gut zu uns. *An die Nichte Anna Roncalli, 24.6.1947*

Gebt, und es wird Euch gegeben werden. Wer großherzig ist, wird immer Segen empfangen. In dem Maß, in dem der Haß tobt, müssen wir versuchen, uns in der Liebe zu vervollkommnen, bis zum Opfer. Ich wiederhole Euch nicht, was ich Euch schon bei anderen Gelegenheiten sagte: wenig vom Krieg reden und von der Schuld des einen oder des anderen; denn alle haben gesündigt, und sie werden alle, einer nach dem anderen, zur Buße gerufen werden. Jeder von uns muß für sich selbst büßen. Aber eines ist sicher: Der gegenwärtige Krieg ist der Krieg des Reichen gegen den Armen, des Wohlgenährten gegen den, der Mühe hat zu leben, des Kapitalisten gegen den Arbeiter, und umgekehrt: Jeder greift an und verteidigt sich, wie er kann. Der Herr läßt es geschehen, nachdem man seinem Evangelium nicht hat folgen wollen, und er arbeitet in den einzelnen Seelen derer, die leiden, um den Boden zu bereiten für Gnade und Segen. *An die Familie, 11.12.1942*

Der Herr ist mit den Großmütigen

Seit zwanzig Monaten bin ich nun Bischof. Und wie leicht vorauszusehen war, brachte mir dieses Amt viel Kummer und Sorge. Aber – es ist sonderbar – dieser Verdruß kam nicht durch die Bulgaren, für die ich tätig bin, sondern von den Zentralorganen der kirchlichen Verwaltung. Es ist eine Form von Kränkung und Demütigung, die ich nicht erwartet habe und die mich sehr schmerzt. »Herr, du weißt alles!«

Ich muß und ich will mich daran gewöhnen, dieses Kreuz mit mehr Geduld und Ruhe und innerer Gelassenheit zu tragen, als ich es bisher fertiggebracht habe ... Ich werde das Schweigen – ein Schweigen, das, wie Franz von Sales lehrt, sanft und ohne Groll sein soll – zum Gegenstand meiner Gewissenserforschung machen.

Exerzitien, 27.11. – 2.12.1926

Alles wird leicht, wenn wir uns ganz von uns selber trennen und unser Wille wie ein dauerndes Opfer ist, das auf dem Altar dargebracht wird. Denke immer an: »Oboedientia et pax – Gehorsam und Friede«, meine bischöfliche Devise. Das ist alles zusammen, geistige Disziplin, dauernde Übung in

Demut und dann Ruhe, Frieden und wahre Heiterkeit und der Wunsch und das unaufhörliche und regsame Streben nach Arbeit und Opfer.

An den Neffen Battista, 7.2.1943

In den vergangenen Monaten hat mir der Herr manches auferlegt, meine Geduld zu prüfen: die mühevollen Verhandlungen über die Gründung des bulgarischen Seminars: die über fünf Jahre währende Ungewißheit, welche definitiven Aufgaben mit diesem meinem Amt verbunden sein sollen; die Ängste und die Schwierigkeiten, nicht noch mehr tun zu können; die Notwendigkeit, das Leben geradezu eines Eremiten führen zu müssen, was meiner Neigung zur Sorge für die Seelen widerstrebt: innere Unzufriedenheit mit dem, was immer noch an menschlichen Schwächen in meiner Natur ist, wenn ich es auch bisher in Zucht zu halten vermochte. All das macht meine Hingabe noch bereitwilliger, mit der ich mich erheben und aufschwingen will zu einer vollkommeneren Nachahmung meines göttlichen Vorbildes.

Um mich herum, in diesem großen Haus, herrscht eine vollkommene und wunderschöne Einsamkeit, einverwoben in die blühende Natur draußen. Vor mir liegt die Donau und jenseits des großen Flusses die reiche rumänische Ebene, die manchmal des Nachts im Feuerschein brennender Petroleumrückstände aufleuchtet ...

Der Geist weilt den ganzen Tag im Gebet und in der Betrachtung. Ganz einfache Übungen. Ich folge dem Text des hl. Ignatius: Wie es mir gerade zweckvoll erscheint, vertiefe ich mich in eine Stelle oder lese weiter ...

Kennzeichnend für diese geistliche Einkehr waren ein großer Friede und eine innere Freude, die mir den Mut geben, mich dem Herrn darzubieten, bereit zu jedem Opfer, das er von mir verlangen könnte. Ich möchte, daß meine ganze Person, innerlich und äußerlich, und mein ganzes Leben von dieser Ruhe und inneren Freude immer mehr durchformt werde. Das fällt meinem Wesen nicht allzu schwer. Schwierigkeiten und Widerstände werden mich jedoch darin in der Zukunft verwirren können. Ich werde wachsam sein, mir diese innere und äußere Freude zu bewahren. Man muß lernen, zu leiden, ohne auch nur merken zu lassen, daß man leidet.

Geistliche Einkehr, 28.4. - 4.5.1930

Der Herr ist mit den Großmütigen

Wenn man einmal, ohne an sich selbst zu denken, lebt, die Eigenliebe immer unter den Absatz der Schuhe bringt und allein auf der Suche nach dem Willen des Herrn ist, dann wird alles leicht und auch erträglich.

An die Nichte Enrica, 8.1.1955

III

*Geduld,
die bittere Wurzeln hat,
aber süße Früchte trägt*

Geduld, die bittere Wurzeln hat,
aber süße Früchte trägt

∼

Dein Francesco ist mir immer als ein junger Mann vorgekommen, wie man sich ihn nicht besser wünschen kann. Du wirst ihn gewiß mit Achtung und Liebe umgeben. Gemeinsam werdet Ihr Eure Fehler verbessern – denn wir alle haben sie im Leben – mit einem von gegenseitiger, geduldiger Nachsicht getragenen Eifer. Der Herr wird dann das tun, was er will, es wird zur großen Freude für beide sein.

Ich verstehe gut, daß Du an Dein Nest in Boarolo denkst. Ja, wenn ich über mehr Mittel verfügte, würde ich den Schwestern helfen, das ehemalige Airoldihaus dort in der Nähe, das ihnen gehört, wieder herzurichten. Doch Geduld! Die müssen wir haben, die Geduld, die bittere Wurzeln hat, aber süße Früchte trägt. *An die Nichte Teresa, 6.1.1948*

Möge der Herr Euch weiterhin diesen kostbaren Frieden geben, für den wir gegenseitig unsere Fehler ertragen; und alle haben wir doch irgendeinen Fehler. Besser ist, wer größere Geduld hat, wer mehr zu schweigen, sich nichts anmerken zu lassen und mitzuleiden versteht. *An die Familie, 20.12.1932*

∼

*Geduld, die bittere Wurzeln hat,
aber süße Früchte trägt*

Dein Brief hat mich die letzte Nacht mehrere Male wach gemacht: Und ich habe mir wiederum, wie immer, gesagt, daß man die Dinge nehmen und sie möglichst einfach machen muß. Das heißt also Schweigen, viel Geduld und Ruhe vor allem mit sich selbst; außerdem große innere und äußere Demut; große Liebe zu allen von Herzen und in Worten.

An den Neffen Battista, 5.7.1951

... daß Dein Brief, den ich mit Zittern empfing, mir im Gegenteil große Freude brachte. In Deiner Einstellung habe ich meine Haltung wiedererkannt, in Deinem Denken die gleiche Klarheit meiner Überlegung bezüglich des Verdrusses, der Dir bereitet wurde, und ich habe gemerkt, daß es Dir gelungen ist, ihn anzunehmen, wie es sich gehört, das heißt aus der Hand des Herrn, in Sanftmut und im Grunde mit freudigem Herzen. Das ist mehr wert, als ein Jahr zu gewinnen oder zu verlieren.

An den Neffen Battista, 4.12.1949

*Geduld, die bittere Wurzeln hat,
aber süße Früchte trägt*

Jesus, als Verführer verleumdet, als Unwissender verachtet, dessen Lehren verfälscht wurden, der dem Schimpf und dem Spott aller ausgesetzt war, schwieg voller Demut, er beschämte seine Verleumder nicht, er ließ sich schlagen, ins Gesicht speien, geißeln, als Narren behandeln und verlor doch nie seine Gelassenheit, er brach sein Schweigen nicht. Und ich werde es zulassen, daß man von mir sagt, was man will, daß man mich auf den allerletzten Platz verweist, meine Worte und Taten falsch auslegt, ohne mich dazu zu äußern, ohne mich zu verteidigen, vielmehr will ich frohen Herzens, ohne ein Wort zu entgegnen, sogar die Vorwürfe hinnehmen, die mir von den Vorgesetzten gemacht werden.

Exerzitien, 9. - 18.12.1903

Was die kleinen Beschwernisse angeht, von denen Ihr mir geschrieben habt, bin ich der selben Meinung wie Ihr; man muß sie in Frieden annehmen und dem Herrn danken, daß sie nicht noch größer sind. Auch darf man nicht zu sehr merken lassen, daß sie einem zu schaffen machen.

Die Wahrheit ist nur eine und immer dieselbe, die des Evangeliums: verzeihen und vergessen kön-

*Geduld, die bittere Wurzeln hat,
aber süße Früchte trägt*

nen; Böses mit Gutem vergelten und immer an die Worte Jesu am Kreuz denken: »Vater verzeih ihnen! Denn sie wissen nicht, was sie tun.«

Außerdem immer – daran suche auch ich mich bei so vielen Angelegenheiten meines Amtes zu halten – *schweigen und ertragen!* Es gibt nichts, was dem Herrn, der so viel für uns gelitten hat, lieber wäre als ihn in diesen beiden Dingen nachzuahmen. Doch muß man wirklich vollkommen und in allem schweigen und aus Liebe zu Jesus gern leiden.

An die Schwestern Ancilla u. Maria, 27.4.1930

Ich brauche also große Geduld. Ihr wißt, es wäre am besten, man hätte sie im Überfluß. Eine einzige Unüberlegtheit kann alles verderben. Betet für mich, daß der Herr mir mit dieser Gnade der Geduld weiterhin beistehe, um die auch ich ringen muß. Und Ihr ringt auf Eure Art, denn Ihr wißt, daß dann alles in einem großen Segen endet.

An die Schwestern Ancilla u. Maria, 19.6.1937

Geduld, die bittere Wurzeln hat,
aber süße Früchte trägt

Die reine, zarte Freude, die immer mein Herz erfüllen soll, findet ihre aufrichtigste Äußerung in den winzigsten Kleinigkeiten. Gib also nur acht: Es genügt nicht, eine gewisse Geduld in den Widerwärtigkeiten zu üben, so daß die anderen nicht einmal etwas davon bemerken; ich selbst muß in mir eine unaussprechliche Milde und Sanftmut spüren, die mich nie verlassen, die auf meinen Lippen ein Lächeln erblühen lassen, und zwar um so fröhlicher, je weniger mir bei der Anstrengung, mich nicht aufzuregen, der Sinn nach Fröhlichkeit steht. Also, meine Geduld muß heiter und lächelnd und nicht zu ernst sein.

Geistliche Notizen, 1.2.1903

Es kommt mir vor, als wäre ich von allem losgelöst, auch von jedem Gedanken des Weiterkommens. Ich habe keinerlei Verdienste und spüre auch keinerlei Ungeduld. Daß aber ein so großer Unterschied möglich ist zwischen meiner Beurteilung der Situation hier und der Art und Weise, wie Rom dieselben Dinge einschätzt, das schmerzt mich; es ist dies mein einziges wirkliches Kreuz. Ich will es in Demut tragen, bereit, meine obersten Vorgesetzten zu befriedigen ... Ich werde stets die Wahrheit, aber

*Geduld, die bittere Wurzeln hat,
aber süße Früchte trägt*

mit Milde, sagen und über alles schweigen, was ich meiner Meinung nach an Unrecht oder Kränkung erlitten habe. Ich bin bereit, mich selbst zu opfern oder geopfert zu werden. Der Herr sieht alles und wird mir Gerechtigkeit erweisen. Vor allem will ich fortfahren, stets Böses mit Gutem zu vergelten und mich zu bemühen, in allem das Evangelium den Künsten der menschlichen Politik vorzuziehen.

Geistliche Einkehr, 13.–16.10.1936

Ich folge Dir aufrichtig in Deiner Freude und Deinen Unsicherheiten und in manchen Deiner Ängste. Das haben wir alle in unserem Leben durchgemacht und machen es noch durch. Manchmal ruft die Müdigkeit, die ewige Eintönigkeit der gewohnten Arbeiten in uns den Eindruck hervor, als würde unser geistiger Eifer gebeugt ... Wer weiß – vielleicht auch durch irgendein Anzeichen der Schwäche oder durch ein herausgerutschtes Wort oder durch Selbstgefälligkeit im Dienst, den Du anderen tust: Das sind Schwächen, denen ein inneres Gefühl der Unzufriedenheit oder Bestürzung folgt. Es ist nichts. Ein Aufschwung zur Hingabe an Gott, wie ich Dir sagte ... und Du wirst sehen, das

*Geduld, die bittere Wurzeln hat,
aber süße Früchte trägt*

alles geht vorbei: Die heitere Freude kehrt wieder ein, der Gesang des Herzens kommt wieder, und auf den Lippen spürt man die Liebe.

An die Nichte Giuseppina, 7.5.1952

Es drängt mich nur, immer mehr der Güte des Herrn nachzueifern, der uns lehrt, alles von der guten Seite zu nehmen, auch zu leiden, aber niemals aufzuhören, zu verzeihen und Gutes zu tun.

An die Schwestern Ancilla u. Maria, 24.2.1929

Unser Leben hat die Gewißheit guten Gelingens in allem, wenn wir nur mit dem Evangelium vorangehen, das sagt: Geduld, Schlechtes mit Gutem vergelten, verzeihen und – viele Dinge ihren Weg gehen lassen. Wenn man am Ende die Rechnung macht, sieht man, was wirklichen Nutzen bringt.

Manchmal wirst Du nicht gut behandelt, oder man vernachlässigt Dich, und Du antwortest mit noch größerer Geduld und Güte. Du wirst sehr großen Segen empfangen.

Fröhlich sein, Gutes tun und die Spatzen pfeifen lassen. Das ist die beste Philosophie.

An den Bruder Giovanni, 5.9.1940

*Geduld, die bittere Wurzeln hat,
aber süße Früchte trägt*

Meine Natur, die zur Nachgiebigkeit neigt und eher gleich die gute Seite der Menschen und Dinge herausfindet, statt Kritik zu üben und voreilige Urteile zu fällen, dazu der beträchtliche Altersunterschied und damit das Gewicht einer längeren Erfahrung und einer tieferen Kenntnis des menschlichen Herzens bringen mich nicht selten in einen schmerzlichen inneren Gegensatz zu meiner Umgebung. Jede Form von Mißtrauen oder Unhöflichkeit, gegen wen auch immer, vor allem aber gegen die Kleinen, die Armen, die Geringen – jedes absprechende und unüberlegte Urteil bereitet mir Schmerz und tut mir im innersten Herzen weh. Ich schweige, aber das Herz blutet mir. Meine Mitarbeiter sind tüchtige Geistliche: Ich verkenne nicht ihre guten Eigenschaften, ich habe sie sehr gern, und sie verdienen das alle auch. Aber ich leide an der mangelnden Übereinstimmung meines Geistes mit dem ihren. An gewissen Tagen und unter bestimmten Umständen bin ich versucht, mit Strenge vorzugehen. Doch dann ziehe ich das Schweigen vor, in der Zuversicht, daß dies für ihre Erziehung beredter und nützlicher ist. Ist das eine Schwäche von mir? Ich muß und ich will auch weiterhin dieses leichte Kreuz in Frieden tragen, das zu dem schmerzlich drückenden Gefühl meiner Unzulänglichkeit hinzukommt, und lasse den Herrn machen, der die Herzen erforscht und zur Innigkeit seiner Liebe an sich zieht. *Exerzitien, 23. – 27.11.1948*

Der hl. Franz von Sales gebraucht ein schönes Bild, an das ich wie an viele andere seiner Vergleiche gern denke: »Ich bin wie ein Vogel, der in einem Dornbusch singt.« Das soll auch für mich eine fortwährende Einladung sein. Also, wenig reden über das, worunter ich leide. Viel Takt und Nachsicht in der Beurteilung der Menschen und Situationen; besonders für die beten, die mir Leiden verursachen; und dann in allem große Güte, grenzenlose Geduld und immer daran denken, daß jede andere Einstellung ... nicht dem Geist des Evangeliums und der evangelischen Vollkommenheit entspricht. Wenn nur die Nächstenliebe um jeden Preis siegt, mag man mich gerne für einen Tölpel halten. Man mag mich niedertreten, aber ich will geduldig und gut bis zum Heroismus sein. *Geistliche Einkehr, 28.4. – 4.5.1930*

IV

*Was ist
unser Glaube wert?*

Was ist unser Glaube wert?

∽

Was ist denn unser Glaube und unsere Frömmigkeit wert, wenn wir jetzt im Leid nicht ein wenig auf den Herrn vertrauen! *An den Vater, 28.11.1913*

Doch was mir jetzt noch mehr leid tut, ist, daß sich (Caterina) zu sehr grämt. Dazu ist wirklich kein Anlaß. Man tut ganz schlicht alles, was dem Gesetz der Natur entspricht, die das Gesetz des Herrn ist. Doch was den Erfolg angeht, dürfen wir uns nicht beunruhigen. Es ist sicher, daß der Herr allen die Gnade gibt, das Heil zu erlangen; es ist sicher, daß keiner verlorengeht, wenn nicht aus eigener Schuld. Am allersichersten ist aber, daß der Herr den Glauben der Verwandten gnädig annimmt als Anrecht auf Segen auch für die Geschöpfe, die nicht zur Vollendung kommen. Ihr habt also eher Grund, Euch zu freuen, daß auch dieses Kreuz Euch zur Heiligung dient, und nicht Euch wegen der Ungewißheit über die verpaßte Taufe zu beunruhigen. Das ist nun ein Fall, in dem Euer Bruder, der ohne sein Verdienst »Doktor der Theologie« und überdies Bischof, folglich Lehrer in Israel ist, wohl verdient, daß Ihr auf ihn hört und ihm glaubt. Wenn man einmal dem Herrn das Opfer dargebracht hat, kommt man nicht mehr darauf zurück. Caterina möge an ihre Gesundheit denken und daran, ihre Kinder mit dem gewohnten Eifer gut zu erziehen, und mit dem Frieden die vollkommene Fröhlichkeit wieder gewinnen. Ich höre nicht auf, sie zu segnen und sie dem Herrn auf besondere Weise zu empfehlen.

An den Bruder Giovanni, 17.1.1938

Da ich immer wieder darauf gestoßen worden bin, ist mir eines klar geworden: Wie falsch die Auffassung ist, die ich mir von der Heiligkeit, der ich nachstrebe, gebildet hatte. Bei meinen einzelnen Handlungen, meinen kleinen, sofort erkannten Verfehlungen, stellte ich mir das Bild irgendeines Heiligen vor, den ich mir in allen, auch in kleinsten Dingen, nachzuahmen vornahm, genau wie ein Maler ein Bild von Raffael kopiert. Ich sagte mir immer: Wenn der heilige Aloisius in diesem Falle zu handeln hätte, dann würde er nicht dieses oder jenes andere tun usw. So kam ich dahin, daß ich nie das erreichte, was ich mir eingebildet hatte tun zu können, und das beunruhigte mich. Es ist ein falsches

System. Von der Tugend der Heiligen muß ich das Wesentliche und nicht das Zufällige übernehmen. Ich bin nicht der heilige Aloisius und muß mich nicht genauso heiligen, wie er es getan hat, sondern wie es mein anderes Wesen, mein Charakter, meine verschiedenen Lebensbedingungen verlangen. Ich muß nicht die kümmerliche und dürre Reproduktion eines wenn auch noch so vollendeten Typs sein. Gott will, daß wir dem Beispiel der Heiligen solcherart folgen, daß wir das Lebensmark ihrer Tugend uns zu eigen machen, es in unserem Blut umwandeln und unseren besonderen Anlagen und Umständen anpassen. *Geistliche Notizen, 16.1.1903*

Damit ist mir von Gott her vorgezeichnet worden, wie der Weg zum Altar aussieht. Verborgenheit, Gebet und Arbeit. Und beten und arbeiten, und betend arbeiten. Arbeiten, dem Studium nachgehen, immer, dies ist meine Pflicht. Lernen, ohne das erworbene Wissen zur Schau zu tragen, unermüdlich lernen und mich Jesus, dem Spender des Lichtes, Abglanz des ewigen Lichtes, nähern und auf eine Weise beten, daß Gebet und Studium eins werden. *Exerzitien, Februar 1900*

Außerdem muß man im Leben ein bißchen mit kräftigen Armen zu rudern verstehen, um das eigene Boot in die offene See zu bringen. Aber wenn das Meer bewegt ist, ist es besser, wenn man sich etwas von der Strömung treiben läßt. Das Vertrauen auf Gott, der auf uns schaut, der uns beschützt, der uns liebt, muß uns zum Halt dienen. Angesichts der Prüfungen des Lebens, unserer Erfahrung und der der anderen erscheinen die Grundsätze, die unsere ersten Lebensjahre geleitet haben, in einem neuen, wärmeren und anziehenderen Licht.

An den Vetter Peppino, 4.4.1940

Du mußt Dich in aller Ruhe bemühen, jenen Gleichmut zu gewinnen, der die Blüte der Gnade und der dauernden Fröhlichkeit ist ...

Große Hingabe an Gott, der uns liebt und dem in seiner Kirche zu dienen eine große Ehre ist: Demut und Einfachheit zu jeder Zeit und mit allen, dann eine lautere, brennende Liebe zu Jesus, den Du immer mehr in den Tiefen seines Herzens kennenlernen wirst. Wie ich Dir schon sagte, kann ich es Dir nachfühlen, wie schwer es Dich ankommt, daß Du schon bald weg mußt von den bekannten Orten, die in Dir die heiligen Zuneigungen Deiner Kindheit wachrufen. Aber da es nun der Herr anders fügt und einmal sehen möchte, wie Du Dich zusammenreißen kannst, so preise ihn auch dafür und warte in Frieden auf die Stunde Deiner Abfahrt nach Florenz. Und wenn diese gekommen ist, zahle einen letzten Tribut an Tränen, die die lieben Engel des Herrn als symbolische Gabe für viel größere Opfer auffangen, und dann fährst Du ab wie ein Vogel, der seinem Frühling entgegenfliegt.

An die Nichte Enrica, 3.1.1942

Die Gnade der Berufung ist wie eine zarte Stickerei, die die Hand des Herrn auf unserer Seele wie auf einem Gewebe arbeitet. Natürlich fühlt man die Nadelstiche, wie Du mir mit Bezug auf die Zustände der Ungewißheit sagtest. Nun, wo Du Dich entschieden hast, sorge Dich um nichts anderes, als heilig zu werden. Wie sehr wirst Du während Deines ganzen Lebens dem Herrn für das große Geschenk danken, das er Dir macht, indem er Dich von der Welt löst und Dir eingibt, daß Du Dich ganz seinem Dienst opferst ...

Im übrigen bedeutet unser Abschied von der Welt, daß wir uns von ihrem Geist und von ihrem Elend trennen, um mit der Ausübung der Nächstenliebe und des Apostolats zu ihr zurückzukehren.

An die Nichte Enrica, 10.9.1940

Dein Opfer beim Abschied für immer von Deinen Lieben vereinigt sich mit meinem Opfer, beim Eintritt in Dein neues Leben nicht anwesend zu sein. Aber Dein und mein Opfer wird gestärkt und verklärt durch das Wissen, daß wir in allem den Willen des Herrn tun und daß diese vollständige Hingabe an das, was der Herr von uns will, schon der gewisse und vorweggenommene Himmel ist.

An die Familie, 4.9.1941

Der Herr hat Deinen guten Willen gesehen und sieht ihn. Wende Du Dein Eselchen dahin, wo er es haben will, wie der heilige Josef, der nach Judäa gehen wollte, als er aus Ägypten zurückkam, und statt dessen nach Galiläa gehen mußte.

An die Nichte Enrica, 22.5.1942

Was ist unser Glaube wert?

Die Nachricht, daß Rita nur so schwer wieder auf die Beine kommt, betrübt mich ...

Aber Du weißt, daß das größte Verdienst in unserem Leben darin liegt, den Willen des Herrn vollkommen zu erfüllen und alles gut hinnehmen zu können. Der Herr hat uns Roncallis, den Söhnen des Battista, als besondere Gabe rechten Verstand, Ruhe und Ausgeglichenheit gegeben. Glaub mir, das ist ein großer Schatz. Was der Herr der guten Rita auferlegt hat – eines Tages werden wir es sehen –, hat er zum größten Wohl für Dich, für Deine immer geprüfte und leidende Maria und für Rita selbst verfügt. »Voluntas Dei Pax nostra – Der Wille Gottes ist unser Friede«. Diese Worte sind das Schwergewicht aller meiner Predigten und geistlichen Gespräche im Orient wie auch in Paris. Ich glaube, daß mir deshalb alles gut gelungen ist, weil ich mich immer bemüht habe, in allem den Willen Gottes und nicht meinen Willen zu suchen. So findet man sich immer zurecht, und so wird es auch Dir und den Deinen gehen.

An den Bruder Saverio, Weihnachten 1948

Was ist unser Glaube wert?

Eines ergibt sich aus dem anderen oder, besser gesagt, wie es im Credo heißt: lumen de lumine – Licht aus dem Licht. Die Welt ist groß: Es gibt unzählige Wege, dem Herrn zu dienen. Es gibt auch einen für dich.   *An den Neffen Battista, 4.8.1945*

Was Du mir seit dem vergangenen Oktober geschrieben hast, macht mich immer noch froh. Bleibe weiter dem »Vaterunser«, dem »Ave Maria« und dem »Ich glaube an Gott« wie auch dem »Ehre sei dem Vater« treu. Sie enthalten Worte und Gedanken voll himmlischer Nahrung und würzen unsere Tage. Schau, je mehr ich an Jahren zunehme, desto mehr koste ich diese Gebete. Und ich spreche sie langsam, ohne Übertreibung, oder ich verweile, während ich sie spreche, ohne auf den Buchstaben zu achten, bei einer Wahrheit oder einer Anmutung, die eine innigere Verbindung mit dem Herrn herstellt. Und dann das »Gegrüßet seist du, Maria«! Welch ein schönes Gebet von sozialem Charakter! Kaum beginnt man es zu beten, ist es, als vereinigten sich alle Seelen der ganzen Welt mit uns, und das Gebet wird wahrhaftig weltweit.

Neben dem Gebet gibt es dann all die Verrichtungen des alltäglichen Lebens, und auch die sollen mit gutem Willen und mit Schwung, aber ohne Übereifer ausgeführt werden. Wenn wir bei der Gewissenserforschung auf manch Unvollkommenes stoßen, nun gut: Dann verdemütigen wir uns, ohne uns niederdrücken zu lassen, und beginnen von neuem mit gutem Mut und immer mit Fröhlichkeit.

An die Nichte Giuseppina, 21.1.1948

Mut, lieber Giuseppino! Tu Dein Bestes zur Erziehung Deiner Kinder. Doch ohne Aufregung, mit viel Ruhe und mit vollem Vertrauen auf den Herrn. Du trägst als ersten Namen meinen zweiten Namen. In der Tat stehen wir, der erste und der letzte von uns fünf Brüdern, unter dem besonderen Schutz des heiligen Josef. Wie lieb ist mir dieser Heilige! Ihm vertraue ich alles an für mich und für die mir liebsten Menschen und für die schwersten Angelegenheiten, die ich habe und behandeln muß. Ich finde mich immer erhört, und ich hoffe, daß es so bis zum letzten Augenblick meines Lebens sein wird.

An den Bruder Giuseppe, 12.12.1938

Was ist unser Glaube wert?

»Mein Herz ist bereit, o Gott, mein Herz ist bereit«, im großen wie im kleinen, für das, was der Herr will, und für das, was er nicht will und was deshalb nicht getan werden darf. Wie viele Illusionen machen wir uns in dieser Hinsicht! Wie leicht bildet man Formen heraus im Dienste des Herrn, die unseren Neigungen, unserem Ehrgeiz und unseren Eigenheiten entgegenkommen. »Der Übermut deines Herzens hat dich betrogen, der du in Felsenklüften wohnst«: Kaum vermagst du zum Dienste Gottes einen Schritt aus dem Loch herauszugehen, in dem du wie eine Tarantel sitzt, um dich dort vor den Angriffen der Welt zu verbergen, und redest dir doch ein, du würdest dich wie ein Adler in die Lüfte erheben, wenn man dich von jenseits der Berge oder der Meere herriefe. In deiner Hingabe betrügst du dich selbst und merkst es nicht einmal. Sorge dafür, daß deine Bereitschaft in den Werken sichtbar wird, die der Ausführung des Willens Gottes dienen, wie er dir Tag um Tag bekannt ist, und nicht, daß sie sich bloß in glühenden Seufzern zeige.

Exerzitien, 30.11.1940

Also strengste Wachsamkeit, auch bei den unscheinbarsten Anlässen, und äußerstes Feingefühl bei allem, was ich tue. Die Heiligkeit der Heiligen beruht nicht auf Aufsehen erregenden Taten, sondern auf Kleinigkeiten, die in den Augen der Welt als Lappalien erschienen. In dieser Hinsicht sind mir die ersten dreißig Erdenjahre Jesu Christi eine Lehre mit leuchtenden Beispielen. *Exerzitien, 1.–10.4.1903*

Wenn der Herr etwas anderes von dir will, dann wird er mit starker und entschiedener Stimme sprechen. Lies gute geistliche Bücher. Die, siehst du, tun auch mir gut. Und behalte deine enge Verbindung zum Herrn, aber mit großer Unbefangenheit, mit großer Einfachheit, das möchte ich noch einmal sagen, und mit großer Bescheidenheit und Milde. Die Heiligkeit besteht nicht in Bußen und in merkwürdigen Dingen, sondern darin, in allem den Willen des Herrn zu suchen, im Gehorsam, in der Milde.

An die Nichte Enrica, 22.5.1942

Versteht Ihr? Man muß bereit sein für den Ruf des Herrn. Gegen Ende November werde ich in einem Benediktinerkloster drei Tage Exerzitien machen, um mich erneut auf meinen Tod vorzubereiten. Es ist etwas Großes, sich immer bereit zu halten ...

Oft an den Tod zu denken ist auch eine Art, sich mehr des Lebens zu freuen. *An die Familie, 27.10.1948*

Bete weiter zum Herrn, aber ohne Sorge und mit großer Ergebung in seinen heiligen Willen! Was Du heute säst, scheint zu verkümmern. Verloren ist nichts, zu gegebener Zeit wird es seine Früchte bringen. *An die Schwester Assunta, 5.8.1936*

Wenn man zu weit in die Zukunft schaut, läuft man Gefahr, den Mut zu verlieren. Leben wir also bewußt jeden Tag und halten wir uns immer zum Sterben bereit. Enrica, halten wir uns treu an das Wort des Herrn: Er betrügt uns nicht. Gewiß kommt es darauf an, die Lage der Arbeiter zu verbessern, doch ohne Gottesfurcht und ohne den Geist der Liebe und des rechten Maßes erreicht man nichts.

An die Nichte Enrica, 2.3.1949

Jedesmal, wenn ich mich der Luft anvertraue, habe ich etwas Angst. Da ich aber nicht meinen Willen, sondern den des Herrn ausführe und nicht zum Vergnügen reise, sondern aus reiner Pflicht in meinem apostolischen Amt und aus Nächstenliebe, gewinne ich meinen Frieden wieder, obwohl ich mich auf alles gefaßt mache. Ich sehe, daß es dem Herrn gefällt, wenn man ihm so dient, indem man sich restlos seiner heiligen Fürsorge überläßt.

An die Nichte Enrica, 15.3.1942

Der heilige Joseph trug keine Brille, denn damals kannte man sie noch nicht. Doch hat er uns die Kunst gelehrt, nur das Gute zu sehen und alles beiseite zu lassen, was uns nicht nach oben führt. Ich sage Dir das, um Dir Mut zu machen und Dir die gute Laune zu erhalten, die Dir gewöhnlich nicht fehlt. Ja, bewahre Dir immer Deinen inneren Frieden. Er ist der Ausdruck des guten Gewissens. Und hat man dies, gibt es für uns keinen anderen Wunsch mehr auf der Erde.

An den halbblinden Bruder Alfredo, 29.3.1926

V

Die Milde ist unsere Stärke

Die Milde ist unsere Stärke

∼

Faßt also Mut und bemüht Euch, daß Euer Schmerz sich sanft löst. Ihr werdet bald spüren, wie wahr es ist, daß der Herr die Freude seiner Kinder nie stört, wenn nicht um ihnen eine andere gewissere und größere vorzubereiten.

Wir werden dem Heiligsten Herzen die Lebenden und Toten empfehlen. Für die Toten erbitten wir die ewige Herrlichkeit und Freude, für die Lebenden die Gnade der Liebe, der Geduld und der Sanftmut. Die Milde ist unsere Stärke. Sie löst alle Schwierigkeiten und besiegt jedes Hindernis.

An die Familie, 31.5.1938

Ein sanftmütiges Schweigen ohne Groll in den verschiedenen Wechselfällen des Lebens auf sich nehmen und über etwas hinweggehen zu können, indem man allen gegenüber Gutes tut entsprechend den Möglichkeiten, bedeutet, sich ein Vermögen an Ehre für sich und die Familie zu schaffen, das alle Vorteile materieller Art, die man sich von den vielen Bemühungen hier auf Erden erhoffen mag, weit übersteigt. *An die Schwester Teresa, 1.1.1950*

Die Milde ist unsere Stärke

Was Du mir in Deinem Brief über die Versuchungen sagst, denen Dein Eifer unterworfen ist, beunruhigt mich nicht, weil dies eine ganz normale Erscheinung im geistlichen Leben ist, besonders in der Jugend und in den ersten Jahren. Häufig ist es der Leib, der zu schaffen macht. Das ist nicht unsere Schuld, außer wenn wir manchmal zu nachgiebig gegenüber seinen Neigungen sind ...

Manchmal nimmt die Eigenliebe überhand. Man muß bereit sein, in Ruhe sagen zu können: »Es ist gut, Herr, daß Du mich gedemütigt hast.« Wir tun gut daran, uns anzugewöhnen, eher den anderen recht zu geben als uns selbst, uns nicht für wer weiß wen zu halten und anderen gegenüber lieber den Platz der Demut einzunehmen.

Ferner muß man immer die Vollkommenheit der Milde in allem suchen: in Gedanken, in Worten, im Benehmen, uns nicht darum kümmern, groß zu erscheinen außer vor dem Herrn.

Glaub nur, daß dies ein gutes Mittel ist, um ein schönes Stück voranzukommen, wobei wir auf unsere eigenen Schritte achten, uns auch von anderen lautstark überholen lassen und keine Zeit mit Gerede verlieren, sondern immer guten Schrittes und immer froh, gleichsam singend voranschreiten, so daß alle uns gern haben und wir niemandem hinderlich sind.

Natürlich ist es notwendig, daß wir unsere Gebete heiligen. Die Worte gut auszusprechen ist gewiß eine Höflichkeit dem Herrn gegenüber. Wir sollten nicht darunter leiden, wenn wir dabei zerstreut sind. Das Gebet ist Erhebung des Geistes zu Gott, daran müssen wir festhalten. Die Worte haben weniger Bedeutung. Auch eine gute Mutter ist zerstreut, wenn sie im Haus hierhin und dorthin läuft und ihre häuslichen Pflichten erfüllt, auch ein wenig schwätzt; aber ihr Herz ist immer bei ihrem Kind, das in der Wiege schläft. Verstehst Du, liebe Schwester Angiola? *An die Nichte Giuseppina, 3.10.1948*

Ein sanftmütiges Schweigen ohne Groll in den verschiedenen Wechselfällen des Lebens auf sich nehmen und über etwas hinweggehen zu können, indem man allen gegenüber Gutes tut entsprechend den Möglichkeiten, bedeutet, sich ein Vermögen an Ehre für sich und die Familie zu schaffen, das alle Vorteile materieller Art, die man sich von den vielen Bemühungen hier auf Erden erhoffen mag, weit übersteigt. *An die Schwester Teresa, 1.1.1950*

Die Milde ist unsere Stärke

Dazu eine hohe Auffassung von Demut und Milde. Glaube es: Hier liegt unsere Kraft. Das Herz Jesu sagt uns immer wieder, daß wir dies von ihm lernen müssen: die Milde und die Demut des Herzens. Wenn Du treu Deinen Eifer bewahrst, wirst Du Wunder des Apostolats wirken. Wie ein Beschützer und Dein besonderer Freund ist der heilige Josef, der Heilige Deines Vaters und mein Heiliger, der heilige Diplomat, der mit Maßen und stets großer Liebe zu schweigen und zu sprechen weiß.

An die Nichte Anna, 30.4.1949

Ja, der heilige Josef ist für mich ein wirklich lieber Heiliger, vor allem weil er jenen Geist der Güte, der Heiterkeit, der Geduld und des Vertrauens auf den Herrn ausstrahlt, der der wahre Schutz des Lebens ist und das Zeichen des Friedens in den christlichen Familien. *An den Bruder Giovanni, 18.3.1929*

Die Milde ist unsere Stärke

Ich bitte alle und empfehle allen: Liebe, Liebe, Liebe, im Denken, im Urteilen und im Reden! ...

Die Liebe ist wie die Keuschheit eine zarte Tugend. Man kann sie rasch verletzen. Und die Verantwortung, die man beim Verstoß gegen sie auf sich lädt, wiegt schwer und bringt kein Glück. Wir bleiben auf dem alten Weg: von allen gut reden, für das Böse anderer dulden, sich neidlos an ihrem Glück freuen, verzeihen und in allem Geduld üben. Ich bemühe mich, so zu handeln und bin immer zufrieden.

Sich in das Urteil Gottes einmischen ist immer etwas sehr Gefährliches. Lassen wir ihn machen, der im übrigen immer gut und barmherzig ist.

An den Bruder Giovanni, 14.5.1930

Sprecht wenig und denkt mehr Gutes als Schlechtes von den Leuten. Auch wenn man manchmal enttäuscht wird, soll keine Bitterkeit im Herzen zurückbleiben.

An die Schwestern Ancilla u. Maria, 26.4.1939

»Erbarmen und Treue sind alle Wege des Herrn.« Darin muß ich mich auszeichnen. Ich soll nicht ein Meister der Politik, der Strategie und der Wissenschaft der Menschen sein. Deren gibt es schon genügend. Ich habe die Barmherzigkeit und die Wahrheit zu vertreten. Und auf solche Weise wird es mir möglich sein, mich für die menschliche Gesellschaft ebenfalls verdient zu machen. So heißt es ja im Psalter: »Begegnen werden sich Erbarmen und Treue, Gerechtigkeit und Frieden werden sich küssen.« Meine Art zu unterweisen soll vor allem »verbis et exemplis – durch Wort und Beispiel« bestimmt werden.

Also: Richtlinien und Ermahnung durch das Wort, Ansporn durch mein Verhalten allen gegenüber: Katholiken, Orthodoxen, Türken und Juden. »Verba movent: exempla trahunt – Worte bewegen: Beispiele reißen hin.« *Exerzitien, 25.11. – 1.12.1940*

Man sollte auch bedenken, daß der Herr im Urteilen nachsichtiger ist als wir.

An die Schwester Assunta, 28.3.1941

Die Milde ist unsere Stärke

Manchmal kommt im Leben etwas Wind auf. Was für eine schöne Sache ist es, ihn vorbeigehen zu lassen und geschützt zu stehen! Manchmal bricht auch etwas Feuer aus, und es gibt dann solche, die sich erhitzen und weiter- und weitermachen und Gefahr laufen, den Kopf zu verlieren. Wie schön, wenn man sich immer liebenswürdig und duldsam verhält und immer die Ruhe und ein Lächeln bewahrt! Vor allem muß man verzeihen können, die Dinge von der besten Seite nehmen und Frieden bringen.

An die Nichte Enrica, 16.3.1943

Habt Euch nur weiterhin gegenseitig alle sehr lieb. Die gegenseitige Liebe gleicht den Mangel in vielen Dingen aus; und dann schenkt sie uns jene Ruhe und Gelassenheit in den Heimsuchungen, aus der so unendlich viel Gutes kommt.

An den Bruder Giuseppe, 22.9.1942

Die Milde ist unsere Stärke

Die Gewohnheit, demütig und bescheiden zu sein, stimmt milde und richtet den Geist in Freude auf. Er gesundet nach und nach und versteht, daß nichts von dem wahr ist, was wir uns einbilden, wenn wir uns gekränkt fühlen ...

Streng Dich also an, demütig zu sein, ohne den Mut zu verlieren, und sei mit Würde bereit, Dich demütigen zu lassen. Du wirst dann Freude ernten. Übe Dich außerdem in großer Einfachheit. Je älter ich werde, um so mehr finde ich, daß dies die beste Grundlage für das geistliche Leben ist ...

Wenn Dir irgend etwas zustößt, was Deine Eigenliebe kränkt, laß es nicht in Deinem Innern kochen und brodeln. Beseitige es sofort durch einen guten Akt der Demut und Höflichkeit.

An den Neffen Battista, 28.2.1949

VI

Giovanni, nimm dich nicht so wichtig!

*Giovanni,
nimm dich nicht so wichtig!*

Ein neu ernannter Bischof beklagte sich in der ihm von Johannes XXIII. erstmals gewährten Privataudienz, daß die neue Bürde ihn nicht mehr schlafen lasse. »Oh«, meinte Johannes in mitleidsvollem Ton, »mir ging es in den ersten Wochen meines Pontifikats genauso, aber dann sah ich einmal im Wachtraum meinen Schutzengel, der mir zuraunte: ›Giovanni, nimm dich nicht so wichtig ...‹ Seitdem schlafe ich wieder.«

Das Studium. Wie viele vorgefaßte Meinungen habe ich in dieser Beziehung. Endlich habe ich Schluß gemacht, so zu urteilen, wie es die Welt tut. Bisher habe ich mich betören lassen durch die allgemein gängigen Auffassungen. Studieren ist immer etwas Großartiges: das zweite Element eines wirksamen, priesterlichen Lebens wie auch ein zusätzlicher Heilsweg in unserer Zeit. Gott bewahre mich davor, das Studium zu unterschätzen. Anderseits müssen wir uns aber auch hüten, dem Studium eine ausschließliche und absolute Bedeutung beizumes-

Giovanni,
nimm dich nicht so wichtig!

sen. Das Studium ist ein Auge, sagen wir das linke; doch wenn das rechte Auge fehlt, wie wenig wert ist ein Auge allein bzw. das Studium für sich allein! Was bin ich, wenn ich die Doktorwürde erlangt habe? Nichts, ein armer Unwissender. Was könnte ich mit ihr allein für die Kirche tun? Ich muß also meine Auffassung vom Studium etwas revidieren. Auch hier ist Gleichgewicht, ein rechtes Verhältnis von Erkenntnis und Tun erforderlich.

Exerzitien, 1.–10.8.1904

Je mehr ich an Jahren und an Erfahrung reifer werde, um so mehr erkenne ich, daß der sicherste Weg zu meiner persönlichen Heiligung und zum möglichst erfolgreichen Dienst für den Heiligen Stuhl in dem wachen Bemühen besteht, alles auf das Wesentliche zu beschränken – Grundsätze, Ziele, Stellung, Geschäfte –, um ein Höchstmaß an Schlichtheit und innerer Ruhe zu erreichen; achtsam meinen Weinstock von allem zu beschneiden, was nur unnützes Laubwerk und wilde Schößlinge sind, und geradenwegs auf das zugehen, was Wahrheit, Gerechtigkeit und Barmherzigkeit ist, ja, Barmherzigkeit vor allem.

Giovanni, nimm dich nicht so wichtig!

Jede andere Handlungsweise ist nichts als Pose und Verlangen, sich selbst zur Geltung zu bringen, und das verrät sich bald selber und wird hemmend und lächerlich. *Exerzitien, 23.–27.11.1948*

»Herz Jesu, an dem der Vater sein Wohlgefallen hat.« Dieser Anruf hat mich in diesen Tagen tief beeindruckt. Als Gott Vater seine Stimme erhob, um sein Wohlgefallen auszudrücken, hatte Jesus nichts anderes in seinem Leben getan, als verborgen, in der Stille, in demütigster Arbeit und in ergebenem Gebet zu leben. Welch großer Trost in dieser Lehre!

Geistliche Einkehr, 18.–21.6.1931

Um in meinem apostolischen Amt erfolgreich zu sein, werde ich keine andere pädagogische Schule kennen als die des göttlichen Herzens Jesu. »Lernt von mir, denn ich bin sanftmütig und demütig von Herzen.« Auch die Erfahrung hat mir die absolute Vortrefflichkeit dieser Methode bestätigt, der die wahren Siege sicher sind. *Exerzitien, 28.4. – 3.5.1919*

Giovanni,
nimm dich nicht so wichtig!

Mich begleitet immer der Gedanke, daß ich wenig tauge, und ich weiß nicht, warum auch hier die guten Leute hinter mir herlaufen. Aber gerade weil ich seit langem nicht auf mich selbst schaue und alles nur im Namen und in der Liebe zu Jesus und nicht um anderes tue, sehe ich, daß der Herr mir in jeder Beziehung hilft. Welch eine große Gnade ist es nach so vielen, vielen Jahren, immer noch zu seinen Diensten zu stehen und sich immer zum Scheiden bereit zu fühlen! Wie schön und welche Freude, wenn der Ruf einmal kommt! Heimkehren zu ihm und für immer sich seiner Nähe erfreuen.

An die Nichte Anna, 18.1.1956

Dein bischöflicher Onkel kann Dir keine großen Geheimnisse verraten, doch das kann ich Dir sagen, daß ich von Jugend auf gelernt und daran festgehalten habe, mich zu bemühen, mit großer Einfachheit in allem und jedem den Willen des Herrn und nicht meinen Willen und meinen Geschmack zu suchen, sorgsam darauf bedacht zu sein, in nichts auf mich zu rechnen, sondern in allem auf den Herrn zu vertrauen. Dies hat mir immer einen solchen Frieden und solche Ausgeglichenheit bewahrt, daß mich keine Furcht befiel, als ich dann – ohne daß ich es mir vorgestellt oder gewünscht hätte – in höchste Ämter im Dienst der heiligen Kirche kam. Auch wenn etwas mir nicht gelingt oder schlecht ausgeht, habe ich keine Mühe, mein Versagen zu erkennen; und wenn es gelingt und gut gelingt, so verdanke ich alles dem Herrn. *An die Nichte Anna, 2.4.1951*

Ich war wirklich froh darüber, denn ich sehe, daß die Ruhe und die Einfachheit Dich nicht verlassen. Diese beiden Dinge schaffen die günstigste Verfassung, die Gnaden des Herrn zu empfangen und fruchtbar zu machen. Mitunter endet selbst der Wunsch, gut zu handeln, besser zu handeln, Gott vollkommen zu lieben, in einer inneren Angst, in einer gewissen Unruhe, die uns mit uns selbst unzufrieden macht. Ach, wir können nie ganz mit uns zufrieden sein. Wenn aber diese Unzufriedenheit uns eher zur Traurigkeit als zum Vertrauen führt, dann haben wir von etwas zu wenig oder zu viel. Wir müssen einen Punkt machen: uns in der Stille sammeln und unseren Weg gleichmäßigen Schrittes wieder auf nehmen und uns nicht betrüben ... Wir dürfen uns nicht so viele Gewissensbisse

Giovanni,
nimm dich nicht so wichtig!

machen, wenn unsere Absicht gut und die Liebe zum Herrn ehrlich ist.

Du sprichst mir vom Streben, Deine Fehler zu bessern. Der heilige Augustinus sagt, die Erkenntnis unserer Fehler sei etwas Besseres als die Erkenntnis der Wunder des Weltalls. Sie hat jedoch nicht den Zweck, uns zu entmutigen, sondern einfach uns demütig zu machen und liebenswürdig mit allen. Wenn wir unsere eigenen Fehler und die der anderen ertragen, sind wir schon ein gutes Stück vorangekommen.

An die Nichte Giuseppina, 24.2.1947

Glaubt, daß unter den verschiedenen Möglichkeiten, in Frieden zu leben, diese noch die beste ist: kein Aufhebens um kleine Dinge machen, denjenigen gut behandeln, der uns schlecht behandelt, und lieber unten als oben sein. Letzten Endes hat man dann recht und steht sich mit allen gut.

An die Schwestern Maria u. Ancilla, 1.2.1940

*Giovanni,
nimm dich nicht so wichtig!*

Aus Deinen Worten entnehme ich, daß Du gegen innere und äußere Schwierigkeiten anzukämpfen hast. Laß Dich nicht betrüben: keine zu hohe Selbsteinschätzung und Mißtrauen sich selbst gegenüber, bereit sein, demütig die Schwäche, sobald man sie bemerkt, auf sich zu nehmen; aber halte Dich nie dabei auf, über Dich nachzugrübeln: Ein Akt tiefer Demut hilft uns immer weiter. Und außerdem großes, unendliches, liebevolles Vertrauen auf den Herrn und dann unverzüglich die gute Arbeit unbeschwert wieder aufnehmen.

An die Nichte Giuseppina, 3.10.1957

Bemühen wir uns inzwischen weiter, uns in den Geist des heiligen Josef zu vertiefen: seine große Einfachheit, sein Schweigen voller Weisheit und Poesie, nicht bitter, sondern liebenswert, und immer durchzogen von milden und gütigen Worten für alle. Wenn ich mit dem heiligen Johannes und dem heiligen Josef zusammen bin, fühle ich mich schon im Paradies ...

Nimm Dir nicht zu viel vor. Es genügt die friedliche, ruhige Suche nach dem Guten an jedem Tag, zu jeder Stunde, aber ohne Übertreibung und ohne

Giovanni,
nimm dich nicht so wichtig!

Ungeduld. Das Wissen um unsere Fehler muß uns zu noch inständigerem Streben dienen und vor allem dazu, nie zu verzweifeln.

An die Nichte Giuseppina R., 13.2.1949

Und dann gewöhne dich an absolute Ordnung; nie zuletzt, sondern immer zuerst zu deinen Pflichten kommen; eines nach dem andern tun, aber gut, mit Aufmerksamkeit, vor allem mit großer Ruhe. Wenn du siehst, daß die Ruhe in Gefahr gerät, halte einen Augenblick still. Sag ein kleines Gebet, ruhe dich besinnlich aus. Du wirst deinen inneren Frieden wiedergewinnen.

An die Nichte Giuseppina R., 20.5.1946

Sich Sorgen machen oder Sorgen haben, wenn wir den Willen, nicht unseren eigenen, sondern den Willen Gottes erfüllen ... ist wirklich verlorene Zeit. Wenn wir uns jedoch darauf einrichten, alles aufzugeben, auch auf der Stelle, beim leisesten Wink, den wir erhalten, und dies, ohne uns zu grämen, das ist Vollkommenheit.

Den Erfolg oder Mißerfolg unseres Tuns zu bewerten ist nicht unsere Sache; auch die echten

Giovanni,
nimm dich nicht so wichtig!

Heiligen sind gewöhnlich im Verborgenen. Gewiß kann ihre Anwesenheit bei Lebzeiten Aufmerksamkeit erregen und zum Vorbild werden, aber es ist ihnen nicht bewußt, und sie achten nicht auf die Wertschätzung, die man ihnen vielleicht entgegenbringt.

Man gehorcht, man sucht in der Demut und ganz unbefangen in der Einfachheit zu wachsen, und der Erfolg kommt von selbst, manchmal nicht sofort, aber zu seiner Zeit. Dafür gibt es einen kostbaren Leitspruch: Immer froh sein und Gutes tun: laetare et bene facere und ... die Spatzen pfeifen lassen.

An die Nichte Giuseppina R., 17.1.1954

Wenn man aber den Geist des Herrn im Herzen bewahrt, das Gebet liebt, sich bemüht, um jeden Preis gut und geduldig zu sein, einander achtet und zur gegenseitigen Nachsicht bereit ist, dann vermag man, auch bei den Stichen der Dornen das Zarte zu finden.

An die Nichte Giuseppina G., 7.2.1929

VII

In den Tag hineinleben

Der Herr wird denen entgegenkommen, die verstehen in den Tag hinein zu leben, immer ihre Pflicht tun, mit Ruhe, Würde und Geduld, ohne sich den Kopf heiß zu machen wegen der Dinge, die morgen oder in Zukunft geschehen können.

An die Familie, 30.7.1944

Wir leben Tag für Tag in den Händen des Herrn. Er läßt die Seinen nicht im Stich. Die Gnade des Herrn zu erhalten und ihr zu entsprechen ist der Adel des Priesters und Bischofs ... wie im übrigen aller Christen. *An die Nichte Enrica, 1.6.1949*

Mein armer Luigi vermag sich nicht zu trösten, fern von den Seinen zu sein. Es ist eine große Qual. Was wäre aber mit den Küken, wenn sie nur unter den Flügeln der Glucke zu leben vermöchten? Alles zu seiner Zeit. Wir sind Diener des Herrn. Wir bleiben in guter Verbindung durch das Gebet. Von Zeit zu Zeit sehen wir uns wieder. Was wollen wir mehr? Ein jeder muß dann wieder seinen eigenen Weg gehen. Ihr habt recht, Mutter, wenn Ihr sagt: »Was fingen wir mit Don Angelo an, wenn er immer in Sotto il Monte bliebe?« Man müßte sagen: »Sie wissen nicht mehr, was sie mit ihm anfangen sollen.«

Deshalb mache ich mir, wie Ihr wißt, keine Sorgen darüber, was die Vorsehung von Tag zu Tag verfügt. Jetzt bin ich hier, morgen kann ich woanders hingehen. Wir sind immer unter den Augen, ja in den Armen des Herrn. Freuen wir uns darüber! Tun wir aus Liebe all das, was die Vorsehung uns zu tun rät, nichts mit Gewalt, alles auf gute Weise, nichts vorschnell und mit Ungeduld!

An die Familie, 20.12.1932

An allem die gute Seite sehen und sie weiter verfolgen, indem man alles übrige beiseite läßt. Sodann gibt es bei den Sachen wie bei den Personen das Gestern, das Heute und das Morgen. Und dann, jeder in seinem eigenen Haus: Gutes sagen, wenn es möglich ist, und lieber nichts, als etwas Böses sagen. So erspart man sich Verdruß, und der Herr gibt seinen Segen.

An die Mutter und die Schwestern, 21.11.1938

Leben wir also weiter von einem Tag zum andern und in heiliger geistlicher Freude. Während ich Euch schreibe, hier in meinem gut geheizten Zimmer neben meiner kleinen Kapelle, wo ich den Herrn aufbewahre, der das Ticken meiner kleinen Schreibmaschine hört, beginnt es draußen wieder zu schneien. Einerseits ziehe ich Schnee dem Nebel vor, der sich dieses Jahr merkwürdigerweise auch über die Hochebene von Sofia gebreitet hat.

Lassen wir den Schnee fallen, daß er uns den Reichtum der Felder vorbereitet, und wenden wir unseren Geist und unser Herz immerfort nach oben.

An die Schwestern Ancilla u. Maria, 24.2.1930

Es gibt nichts Besseres, als in den Tag hinein leben, so wie auch ich es tue ... Die Hingabe an Gott wird uns beide heilig und würdig machen, uns der Gesellschaft unserer lieben Verstorbenen zu erfreuen. Wenn Du erst einmal dazu bereit bist, wird ein großer Friede über Deinen Geist kommen, eine größere Geduld und Hingabe an Gott, die sogar Anlaß zu innerer Freude werden wird.

An die Nichte Maria Letizia, 10.4.1955

In den Tag hineinleben

Wenn ihr für die häuslichen Ausgaben, von denen Ihr mir schreibt und die auch ich als notwendig ansehe, oder für andere Euch notwendig erscheinende Anschaffungen weiteres Geld braucht, geht hin und verlangt! Es muß noch etwas da sein. Wir sind wirklich wie junge Vögel im Nest. Wir brauchen die Vorsehung wie die Mutter. Sie kommt aber immer im richtigen Augenblick. Kein bißchen darüber, aber das, was unbedingt notwendig ist, fehlt nie.

An die Schwestern Ancilla u. Maria, 16.7.1930

Eine gute Medizin für unsere Krankheiten ist das gute Gewissen, der Friede des Herzens, die liebevolle Vereinigung mit dem Herrn und vor allem die völlige Hingabe in seine Vorsehung, was immer sie auch für uns bereithält.

An die Schwestern Ancilla u. Maria, 6.1.1928

Es genügt, von einem Tag zum anderen zu leben, Arm in Arm mit der Vorsehung zu gehen, ohne ihr vorauseilen zu wollen.

An den Neffen, Battista, 4.8.1945

Nach zehn Jahren Priestertum blicke ich nun fragend in die Zukunft.

[...] Sollte mein Leben noch einige, noch mehrere Jahre währen, so sollen es Jahre intensiver Arbeit sein, Jahre des Gehorsams, mit einer großen Linie und einem weiten Programm, doch ohne einen Gedanken, der den Gehorsam übertritt. Die Sorgen, die sich die Eigenliebe um unsere Zukunft macht, verzögern das Werk Gottes in uns, halten seine Wege auf, und dann nützen sie noch nicht einmal den materiellen Interessen. Auf diesen Punkt will ich jeden Tag besonders achten, denn ich sehe voraus, daß mir im Laufe der Jahre und vielleicht schon bald die Eigenliebe zu schaffen machen wird. Mögen die anderen nur vorandrängen und weiterkommen. Ich beharre ohne Hast da, wo der Herr mich hingestellt hat, und lasse den andern den Weg frei.

Ich möchte mir meinen Frieden bewahren, denn er ist meine Freiheit ...

Daß mir der Herr seinen Frieden und auch die äußeren Zeichen seiner Gnade bewahrt hat, ist mir Beweis für seine große mir zuteil gewordene Barmherzigkeit. Darin liegt die Erklärung, soweit ich dies zu sagen vermag, für meine beständige Ruhe, die mich an der Einfachheit und Sanftmut des Geistes

Freude haben läßt und mir zu jeder Stunde meines Tages die Bereitschaft erhält, alles zu verlassen und, wenn es sein muß sofort, ins ewige Leben einzutreten.

Meine Fehler und meine Schwächen, »diese meine unzähligen Sünden, Fehler und Nachlässigkeiten«, für die ich täglich die heilige Messe aufopfere, sind mir Anlaß zu unablässiger innerer Demütigung. Sie lassen nicht zu, daß ich mich in irgendeiner Weise erhöhe, aber schwächen auch nicht mein Vertrauen und meine Hingabe an Gott, dessen liebende Hand ich stützend und ermutigend über mir fühle. *Geistliche Notizen, 10.8.1914*

Lebt also weiterhin in Frieden und Geduld, von Tag zu Tag!

Denken wir an das Heute und überlassen wir uns dem Herrn, was den morgigen Tag angeht! Die Vorsehung ist da und wird uns Stunde um Stunde ihre Hilfe zukommen lassen.

An den Bruder Saverio, 21.3.1934

In den Tag hineinleben

An jedem Tag, der vergeht, mußt Du Dir Mut machen: Du mußt Dich an die Anstrengung gewöhnen, Dich über die guten Erfolge freuen, nach besseren streben: aber all das ohne Aufregung, im Gegenteil, mit viel Ruhe und Gelassenheit des Geistes. Mit der Hilfe des Herrn, die Du immer anrufen mußt. Und wenn Du täglich einen Schritt vorwärts gehst, kannst Du sehr weit kommen.

Gewöhne Dich vor allem daran, Dir einen guten Charakter zu formen, aufrichtig, offen, immer zur Güte und Nachsicht für die Fehler der anderen geneigt. Aber mit den Grundsätzen, die ewig sind, sei stark und unbeugsam ...

Und bete immer und bete gut, ohne Angst und Kummer, sondern mit Ruhe, mit vertrauender und fester Demut. *An den Neffen Battista, 22.5.1941*

Wenn ihr seht, daß das Verlangen nach irgend etwas euch ein wenig Kummer und sich zu sehr bemerkbar macht, dann gebt es auf und vertraut euch einfach dem Willen Gottes an.

Wir alle befinden uns auf Erden wie auf einer Reise. Der eine gelangt früh ans Ziel, der andere spät. Oft muß man umsteigen, den Wagen oder die

In den Tag hineinleben

Gefährten wechseln. Der Abschied fällt schwer: Doch dann segnet der Herr die Reise und macht sie fruchtbar. Entscheidend ist, daß wir alle, früher oder später, das Ziel erreichen.

An die Schwester Ancilla, 31.1.1926

Ich sorge um nichts anderes, als Tag für Tag den Willen des Herrn zu tun. Glaubt mir, das ist das schönste Leben. *An den Vater, 20.6.1929*

Weitaus besser und edler ist es, das Leben im täglichen Vorsatz zu verschönern, solange wir die Kraft zum beharrlichen Wirken im Dienst an der Wahrheit und an rechter christlicher Brüderlichkeit besitzen, anstatt es mit überladenen Klageliedern über vergangene Zeiten und über mehr oder weniger ferne Gewitterdrohungen verkümmern zu lassen. *Aus einem Vortrag über A. Kardinal Mai, 7.9.1954*

In den Tag hineinleben

Ich füge Dir auch ein kleines Zeichen meiner Zuneigung bei. Wie gern würde ich mehr tun! Doch auch ich habe an meinem Karren schwer zu ziehen, und man geht voran, wie man kann. Das Beispiel und der Schutz des heiligen Josef müssen uns viel Trost und Mut geben. Der Herr sieht alles und sorgt für alles. Erfüllen wir Tag für Tag unsere Pflicht mit Geduld, mit Güte und mit Ruhe! Zu seiner Zeit wird uns weder die Gnade noch die Freude fehlen.

An den Bruder Giuseppe, 16.3.1934

Man muß den Kopf oben behalten: ein reines Gewissen, Gebet, das wie ein Atmen des Herzens ist, ununterbrochene und geordnete Arbeit – zuerst die wichtigeren Dinge ein nach dem anderen, dann die übrigen – und großes Vertrauen auf den Herrn: Das ist unsere Aufgabe für jeden Tag.

An den Neffen Battista, 4.12.1949

Wir müssen mit Vertrauen die Stunde und die Freude des Herrn erwarten können: niemals den Mut verlieren, auch wenn wir mit Händen greifen können, daß unsere Schwäche groß ist und daß wir keinen langen Weg zurücklegen werden. Unser Weg ist lang oder kurz, so wie es der Herr will. Aber wir werden ihn ganz und gar treu und mit Ernst gehen, auch wenn wir uns die Beine brechen sollten ... wie es die heilige Jeanne d'Arc zu ihrer Zeit von sich selbst sagte. Der Herr segnet und stärkt den guten Willen.

An die Nichte Giuseppina, 13.2.1949

Halte dich immer so, wie auch ich es mache!

Lebe von einem Tag zum andern, hingegeben in die Arme des Herrn, der Dir und Deiner ganzen Familie beistehen wird.

An den Bruder Saverio, 12.12.1916

VIII

*Sich immer
in die Haut des anderen
hineindenken*

Sich immer in die Haut des anderen hineindenken

~

Allen Gutes tun, aber einem jeden die eigene Verantwortung lassen. Und außerdem sich immer in die Haut der anderen hineindenken, auch wenn diese nicht immer in allem recht haben und sich nicht immer vorbildlich benehmen.

Das bißchen Erfolg, das ich in meinem Leben gehabt habe, verdanke ich der Hilfe des Herrn, aber auch meinem ständigen Bemühen, die anderen ihrer Schwäche gemäß zu behandeln. Das hat mir geholfen, ihre Stärke zu überwinden.

An den Bruder Severio, 6.1.1948

Denkt daran, was Jesus in seiner Güte für uns getan und gelitten hat: daß er unseretwillen ganz arm wurde, vom Morgen bis zum Abend arbeitete, daß er geschmäht und verfolgt und auf jede Weise mißhandelt wurde, daß er von denen ans Kreuz geschlagen wurde, für die er das Beste wollte!

Lernen wir von ihm, nicht in Klagen auszubrechen, nicht zornig zu werden, mit niemandem die Geduld zu verlieren, im Herzen keine Abneigung zu hegen gegen jene, von denen wir glauben, daß sie uns Böses angetan haben, vielmehr Nachsicht miteinander zu haben: Denn wir alle haben unsere Fehler, wenn nicht den einen, dann einen anderen, und allen Menschen sollen wir wohlgesinnt sein, nicht wahr? Allen, auch denen, die uns Böses antun oder angetan haben, ihnen verzeihen und auch für sie beten, da sie vielleicht vor Gott besser sind als wir.

An die Familie, 16.1.1901

Im Umgang mit den Menschen immer Würde, Einfachheit und Güte: heitere und strahlende Güte. Und dann unablässige Kundgabe der Liebe am Kreuz; der Liebe, die mich mehr und mehr den weltlichen Dingen gegenüber ernüchtern möge, mich geduldig, unerschütterlich, selbstvergessen und frohgemut machen möge in der Ausübung der bischöflichen Liebe. *Geistliche Einkehr, 20.–24.12.1928*

Erzürne dich über niemand, sondern nimm alles gutmütig, ganz gelassen auf. Bemühe dich, heiter und gütig zu sein. *An den Neffen Battista, 4.8.1945*

Sich immer in die Haut des anderen hineindenken

Ich werde ganz besonders achtgeben, mich beim Reden zurückzuhalten, vor allem wenn es über andere geht. Die Gefahren wachsen, die Mängel nehmen zu, je mehr sich die Zunge bewegt. Offenherzigkeit, ja, aber immer Takt.

Geistliche Notizen, 27.1.1903

Am Anfang des neuen Jahres wollen wir wahrhaftig den Herrn preisen, der uns beschützt. Wenn Du sehen könntest, lieber Giuseppino, wie viele Leiden es noch auf der Welt gibt. Vor Weihnachten besuchte ich ein Krankenhaus für deutsche Kriegsgefangene in Fontainebleau: arme Burschen, einige verheiratet, fern von ihren Lieben und oft ohne Nachricht seit sieben Jahren, dazu noch krank und gefangen – und wie lange noch! Oft werde ich traurig, wenn ich an diese Leiden unserer Brüder denke und wenn ich feststelle, daß im Herzen vieler, die nun außer Gefahr sind, noch Haß gegen die Feinde von gestern herrscht, als ob wir nicht alle Sünder und Hochmütige wären. Und diese Gefangenen, die jetzt noch leiden, sind am wenigsten verantwortlich. Oft, wenn ich darüber traurig werde, denke ich an die Einfachheit und den Frieden in Sotto

*Sich immer in die Haut des anderen
hineindenken*

il Monte, an die christlichen Feste in unserer Pfarrei, an die milden Stunden gemeinsamen Gebets, an die Bescheidenheit unserer guten Familien.

An den Bruder Giuseppe, 3.1.1947

Meine Pflichten sind ... ein gutes Beispiel zu geben, ein wahrhaft priesterliches Leben vorzuleben:

Nächstenliebe und Sanftmut bei allen Gelegenheiten zu üben. Taktvolle Rücksicht muß ich vor allem im Reden beachten: wenig und gut reden, und noch wichtiger: zu schweigen verstehen, aber ohne Pose, ohne jemand damit beeindrucken zu wollen, vielmehr allen gegenüber stets heitere Ruhe bewahren, größte Liebenswürdigkeit im Verhalten und in den Worten, so daß niemand gekränkt wird.

Exerzitien, 1.–7.9.1907

Aber ich will nicht Priester werden aus menschlichen Rücksichten, um Geld zu verdienen, um Bequemlichkeit, Ehren und Vergnügungen zu finden. Schlimm wär's! Sondern vielmehr und allein, um nachher dem armen Volk auf irgendeine Weise Gutes zu tun.

An die Eltern, 16.1.1901

*Sich immer in die Haut des anderen
hineindenken*

Meine Beziehungen zum Nächsten werden erst dann wahrhaft heiligmäßig sein, wenn ich in meinem Reden vollkommen sein werde. Dazu muß ich einen ganz besonderen Takt entwickeln und darf mich nie und unter keinem Vorwand verleiten lassen, von meinen Kameraden oder von meinem Nächsten auch nur weniger gut zu reden. Gelegenheiten, mich darin zu üben, habe ich im Laufe eines Tages unzählige. Ich werde mich ihrer bedienen, meinen Geist zu Gott zu erheben und Akte tiefer Demut zu vollbringen. Schließlich habe ich Grund, überzeugt zu sein, daß mein Nächster immer besser ist als ich und daher größten Respektes würdig.

Geistliche Notizen, 6.4.1903

Gestern habe ich meinen Karsamstag bei den deutschen Kriegsgefangenen verbracht. Lauter junge Männer auf dem Weg zum Priestertum. Es sind über fünfhundert, die nunmehr froh sind, weil der Tag ihrer Befreiung naht.

Während der Messe habe ich zwei Priester geweiht. Diese jungen Männer waren aus ganz Frankreich an einen Ort zusammengebracht worden, wo sie während der Gefangenschaft studieren konnten und dadurch die Jahre ihrer Priesterausbildung nicht zu verlieren brauchten.

In welch schmerzlicher Lage sind die Gefangenen! Das ist uns eine Mahnung, in unseren gegenwärtigen Schwierigkeiten und Leiden Geduld zu haben.

An den Bruder Giuseppe, 6.4.1947

Ich freue mich sehr darüber, daß Du zufrieden bist. Sorge weiterhin durch tägliche Anstrengung dafür, daß Dein Nächster, d. h. Deine Vorgesetzten und Kameraden, mit Dir zufrieden sind, mit Deiner Offenheit, mit Deiner Milde im Urteil.

Eine gute christliche und noch mehr priesterliche Übung gegenüber dem Nächsten sind die geistlichen und leiblichen Werke der Barmherzigkeit. Zu den geistlichen zählt als vorletzte: lästige Personen ertragen. Dieses Werk der Barmherzigkeit hat als Gegenstück: niemandem zur Last fallen, vielmehr allen gegenüber liebenswert sein. Das Lob des vollkommenen Menschen, des Menschen, der arbeitet und der sich bemüht, ist es, liebenswert in der Gemeinschaft zu sein: »vir amabilis ad societatem«.

Welch eine Last, wenn das Temperament schwierig, ein bißchen launisch, manchmal bissig und abrupt ist. Milde und Geduld sind zwei sichere Mittel, uns beliebt zu machen und uns und den anderen Gutes zu erweisen ...

Jeder ehrt den Herrn »de sua substantia – seinem Wesen entsprechend«.

Suchen wir unsere Eigenart zu verbessern, doch ohne Übertreibung und mit großer Geduld uns selbst und dem Nächsten gegenüber.

An den Neffen Battista, 10.11.1948

Denkt an die Armen, die im Kriege stehen! An die Polen, an diese armen Finnen, selbst an die Deutschen und an die Russen. Was können die Soldaten schon dafür? Sie leiden und sterben zum großen Schmerz so vieler Familien. Die Verantwortlichen sind die Oberhäupter. Sie sind es, die den Dickschädel haben, und sie sind alle gleich.

An die Familie, 25.12.1939

Was die Felder betrifft, so würde es mir um die drei beim Turm sicher besonders leid tun: Es sind die ältesten von Sotto il Monte, die – glaube ich – seit über zwei Jahrhunderten zum Familienbesitz unserer Vorfahren gehören in dunklen Tagen wie in

Sich immer in die Haut des anderen hineindenken

Tagen der Freude ... Wie Du aber weißt, sage ich in diesen Dingen nicht gern mehr und auch nicht weniger. Ich überlasse es dem Herrn Probst in völliger Freiheit, so zu handeln, wie er es für richtig hält. Es gefiele mir nicht, wenn man sagen würde, daß das, was man tut, deshalb geschieht, um mir einen Gefallen zu erweisen. Vielmehr ist mein Wunsch, was die anderen wünschen.

Ich helfe, wenn ich kann, und schweige, wenn es um Dinge geht, die meine Zuständigkeit überschreiten. Außerdem glaube ich, daß jetzt für einige Monate an anderes zu denken sein wird.

Der Herr möge Euch alle weiterhin beschützen. Auch in der Wahlkampfzeit ist Vorsicht geboten. Jeder geht seinen Weg und handelt nach seinem Gewissen. Man muß an Ordnung und Frieden denken. Jeder hat aber seine persönliche Verantwortung und die für seine Familie.

Nach dem Gebot des Apostels müssen wir unsere Grundsätze sicherstellen und verteidigen: Was aber die anderen betrifft, müssen wir den Frieden suchen – wenn möglich – mit allen Menschen.

An den Bruder Giovanni, 1.3.1948

Sich immer in die Haut des anderen hineindenken

Wenn ein gutes Beispiel gegenseitiger Bruderliebe im Dorf erhalten bliebe, wie der eine nicht auf mehr oder weniger schaut und sich bewußt ist, daß dort, wo die strenge Gerechtigkeit aufhört, die Liebe beginnt, die Hochherzigkeit, die sich nicht bei Kleinigkeiten aufhält, wäre es eine große Erbauung und ein Segen ...

Du weißt, daß alle ein wenig nachgeben müssen, um zur vollen Eintracht zu gelangen. Wenn es etwas gibt, das niemand bereuen muß, ist es das, auf die eine oder andere Weise zu hochherzig gewesen zu sein. *An den Bruder Giovanni, 10.3.1956*

Giovanni hat mir seinerzeit über die Abdankung des Bürgermeisters geschrieben. Ich weiß nicht, was ich dazu sagen soll. Aber man tut doch gut daran, in dem Maße, wie man kann, an der sozialen Ordnung mitzuwirken. *An den Bruder Saverio, 1.3.1948*

Sich immer in die Haut des anderen hineindenken

Es fehlen mir auch hier ein paar kleine Dornen nicht. Es ist nicht immer leicht, so verschiedene Charaktere zu ertragen. Aber ich denke daran, daß die anderen auch mich ertragen müssen. Und dann die Freuden, die ich habe, die möchte ich mit niemandem tauschen. Die Osterliturgie ... wieviel Trost mir das alles gibt! Dabei ist der Bischof so richtig in seinem Element, beten, lehren, ermutigen, verzeihen.

Wer bin ich, armer Sohn vom Lande, daß der Herr mich zu so viel berufen hat? Nach Griechenland kehre ich gewiß nicht zum Vergnügen zurück, denn muß man nicht leiden mit so vielen, die Hunger leiden, Erschöpfung, Tod ihrer Lieben. Aber da übt man sich in Werken der Barmherzigkeit, die uns dem Herrn näher bringen, der der Vater aller Barmherzigkeit ist. *An die Nichte Enrica, 22.5.1942*

Werde also immer vollkommener in der Übung der Barmherzigkeit, was große Geduld mit Dir selbst und mit den anderen erfordert, und Du wirst glücklich sein. *An die Nichte Giuseppina, 14.3.1951*

*Sich immer in die Haut des anderen
hineindenken*

Bemühen wir uns, die Überzeugung zu gewinnen, daß nicht alles, was andere tun, schlecht, und alles, was wir tun, gut ist. Je mehr wir in jedem Fall Demut und Respekt beweisen, wirklich zu schweigen und die anderen gelten zu lassen, Geduld zu haben, um so mehr wird uns der Herr segnen, und wir werden überall und mit allen gut auskommen.

An den Bruder Giuseppe, 12.7.1934

Ich selbst werde mich in aller Stille bemühen, zu einer Lösung zu kommen, zu der Du natürlich gehört wirst, denn »Ubi spiritus Domini, ibi libertas – Wo der Geist des Herrn, dort ist Freiheit«, ohne daß jedoch bei der Entscheidung irgend etwas, wenn auch nur geringfügig Unkorrektes, Illegales oder irgend jemandem Unerfreuliches vorkommen darf.

An den Neffen Battista, 23.3.1955

IX

*Wir sind geschaffen,
uns ewig zu lieben*

―
∼

*Wir sind geschaffen,
uns ewig zu lieben*

∼

Was nun die Entsagungen betrifft, so liegen diese in der Ordnung der Natur. Ich erinnere mich an Weihnachten 1891 – Du siehst, das liegt fünfzig Jahre zurück –, unser Vater begleitete mich zu den Wäldern von Faida hin, oberhalb von Villa d'Adda, und ließ mich dann allein nach Pontida weitergehen, wo ich im Hause unserer Verwandten, Ca' de Rizzi, wohnte, um dann von dort aus als ordentlicher Schüler nach Celana zu gehen: Wie ich da allein im Wald und in der Kälte stand und an die Wärme daheim zurückdachte, in der Familie, die ich gerade verlassen hatte, da weinte ich und war noch mehr ergriffen als beim ersten Abschied.

Und willst Du noch etwas hören? Die Eltern – Deine lieben Großeltern – sind nun tot. Aber solange sie lebten, griff mir jedes Jahr der Augenblick bedenklich ans Herz, da ich bei der Colombera vorbeikam, um von ihnen Abschied zu nehmen, bevor ich nach Sofia oder Konstantinopel zurückkehrte, und ich mußte es eilig tun, um nicht die innere Bewegung zu verraten. Und es ist recht so, daß uns das überkommt. Wir sind geschaffen, uns ewig zu lieben. *An die Nichte Enrica, 3.1.1942*

*Wir sind geschaffen,
uns ewig zu lieben*

Es ist gut, wenn Du in allem die Hand des Herrn am Werke siehst. Er gibt und nimmt und gibt wieder. Wenn man den Glauben hat, denkt man, daß unsere lieben Verstorbenen unseren Augen zwar weit entrückt, unserem Geist jedoch näher sind als je: Sie leben mit uns, sie beten für uns und beschützen uns mehr als in der Zeit, da sie lebten.

An den Bruder Giovanni, 27.11.1934

Dann verliert der Tod, wenn er kommt, für sie und für uns allen Schrecken. Denn für uns bedeutet sterben die Augen schließen vor dem Licht dieser Welt, die ihre Freuden hat, aber auch mit Kreuz und Leid erfüllt ist, und sie öffnen dem Licht des Himmels, wo es nur Freude und Friede gibt.

An die Schwägerin Angela Carissimi, 17.4.1937

Für alles übrige kann ich Dir keinen Rat geben. Du bist klug genug und ein so guter Christ, um zu wissen, wie man die Dinge nehmen muß. Und das bedeutet für mich, sie ganz einfach zu nehmen. Wir dürfen unsere Toten nicht beweinen wie jene, die keine Hoffnung haben, denn sie haben keine Hoffnung, weil sie keinen Glauben hatten: Wir müssen allem das rechte Maß geben. Sieh, je älter auch ich in diesem Leben der mich umgebenden weltlichen Größe und Ehrungen werde, um so mehr fühle ich mich zu einer größeren *Einfachheit* hingezogen: im Geben wie im Nehmen, in der Freude wie in der Trauer, im Vertrauen auf den Herrn, der uns hilft, alles klar zu sehen, der es nicht zuläßt, daß wir einerseits zu überschwenglich sind und andererseits uns nicht vom Leid erdrücken lassen.

An den Bruder Giuseppe, 3.12.1951

Gerade Ostern ist das Fest der Toten. Der auferstandene Christus ist ihre Auferstehung. Und als Jesus auferstand, war seine erste Tat, wie Ihr wißt, den Ort der Toten mit Licht und Freude zu erfüllen. Wir müssen also unser Herz für die heilige österliche Freude öffnen. *An die Familie, 4.4.1939*

*Wir sind geschaffen,
uns ewig zu lieben*

Habt immer Mut! Jetzt mehr als je! Unsere Toten gehören zu den Unsichtbaren, aber nicht zu den Abwesenden. Ihre von Licht und Freude erfüllten Augen lächeln unseren noch tränenvollen Augen zu. Gehen wir an unsere Arbeit, an das tägliche Opfer, das in traurigen Zeiten schwerer wird, und vorwärts! Unsere Freude wird groß und vollkommen sein am Tag des endgültigen Wiedervereintwerdens.

An die Familie, 2.8.1935

In diesen Tagen bete ich die Totenfürbitten für alle zusammen, ohne Ancilla, unsere liebe Tante väterlicherseits, und den ganzen Chor der verstorbenen Seelen unserer und ihrer Verwandtschaft zu vergessen. Sie sind im jenseitigen und wir im diesseitigen Leben. Doch der Abstand zwischen uns und ihnen ist klein. Derselbe Glaube an Gott, dieselbe Liebe verbinden uns. Wir müssen so lange wie möglich leben: Zugleich aber müssen wir in heiliger, enger Verbundenheit mit unseren Toten bleiben. Diese geistliche Verbindung macht uns in allem froh und ruhig.

An die Schwestern Ancilla u. Maria, 29.7.1930

*Wir sind geschaffen,
uns ewig zu lieben*

Wir müssen auf Leiden immer vorbereitet sein. Denn wir sind Pilger auf Erden und müssen uns voneinander trennen. Stellt Euch aber jene Unglücklichen vor, die keinen Glauben haben: Wenn die Stunde des Scheidens kommt, gibt es für sie kein Wiedersehen mehr. Deshalb weinen und jammern sie so sehr und verschwenden Geld für Kränze und Blumen. Uns aber lehrt die Kirche etwas ganz anderes. Der Tod ist eine zeitliche Trennung. Wir alle sollen wieder miteinander vereint sein, und zwar für immer, dort wo es besser ist als hier und wo ewige Freude sein wird.

An die Schwestern Ancilla u. Maria, 6.3.1928

Ich erinnere mich immer an die Liebe, die sie [eine Tante] mir entgegenbrachte: von der Zeit an, als ich noch ein kleiner Junge von zehn Jahren war und sie mich in die hinterste Ecke des Weinbergs führte zur kleinen Treppe, um mir in aller Heimlichkeit 10 oder 20 Centesimi zu schenken und mir zu versprechen, daß sie immer für mich zur »Madonna delle Caneve« beten würde, bis zu meinem letzten Ferientag in Sotto il Monte, als sie meiner Messe beiwohnte, eben in den Caneve, mit der Tante Caterina

*Wir sind geschaffen,
uns ewig zu lieben*

die heilige Kommunion empfing und sich dann mit mir zusammen fotografieren ließ. Das hat mich sehr bewegt. Über die Erinnerung an diese letzte Begegnung auf Erden bin ich jetzt sehr froh.

Wie groß wird die Freude an jenem Tag sein, an dem wir uns im Himmel wiedersehen und keine Fotografien mehr brauchen, da wir uns alle zusammen im Lichte des Herrn ewig sehen!

Bereiten wir uns auf diesen Tag vor und bemühen wir uns, dem Geist der Güte und Sanftmut unserer lieben Verstorbenen nachzueifern. Das ist der sichere Weg, ans Ziel zu gelangen.

An den Vater, 7.2.1928

Die Toten ermutigen uns, die Jahre oder die Tage zu heiligen, die uns zu leben bleiben. Sorgen wir dafür, mit den Lebenden in Frieden und Liebe zu verharren, indem wir allen nach Kräften Gutes tun! Nun bleibst Du allein übrig für die Wache bei der lieben »Madonna delle Caneve«. Im Geist besuche ich oft dieses liebe Kirchlein. Man möchte sagen, in dieser kleinen Muschel in der Einsamkeit des Tales beim Grandone sammelt sich das Echo der liebsten Erinnerungen meines Lebens: Und dort unter dem

Blick und dem Lächeln des schönen Marienbildes sehe ich alle unsere lieben Verstorbenen wieder und suche mit den geistigen Augen das neue Geschlecht, die Kinder unserer Brüder und Schwestern.

An die Kusine Maria, 14.7.1937

Aber laßt es gut sein. Ich gedenke ihrer und trauere mit Euch, aber zugleich spüre ich eine Zärtlichkeit und Milde, die mir das sicherste Zeichen dafür ist, daß sie schon bei den seligen himmlischen Chören weilt, zusammen mit unserem geliebten Vater, zusammen mit den ihrigen und allen unseren alten und jungen Toten, die, während wir weinen, zum Fest versammelt sind und uns erwarten und uns ermutigen und uns segnen.

An die Familie zum Tode der Mutter, 21.2.1939

X

*Ich denke immer
an die Einfachheit
unserer Felder*

*Ich denke immer an die Einfachheit
unserer Felder*

∼

Mein Leben hier im Dienst des Heiligen Stuhles verschafft mir täglich Kontakt mit den so genannten Großen dieser Welt: Mit Männern der Regierung, der Diplomatie, der Wissenschaft, mitunter sind es die so genannten Mächtigen der Erde von gestern und von heute. Wenn ich mit ihnen verhandle, denke ich immer an die Einfachheit unserer Felder, unserer Familien, und davon lasse ich mir die Art und Weise eingeben, mit den Menschen umzugehen, mit ungekünstelter Ungezwungenheit, mit bescheidener und überzeugender Liebenswürdigkeit, die dann der Herr mit seinem Licht und seiner Liebe durchdringt und die den Erfolg rascher herbeiführt und dauerhafter macht. All dies kommt vom gesunden Menschenverstand, der die leichtesten und trefflichsten Lösungen findet und den man für gewöhnlich der heiteren Natur verdankt, in der wir geboren sind: Das kommt ferner von dem einfachen Verstehen dessen, was gerecht, ehrbar und wirklich dem Evangelium gemäß ist.

An den Neffen Battista, 16.1.1947

Ich denke immer an die Einfachheit unserer Felder

Ganz besonders verpflichte ich mich, nach der vollkommenen Armut im Geiste zu streben und nach Selbstverleugnung, und so will ich mich nicht im geringsten um einen Posten, um Karriere oder Auszeichnungen oder Sonstiges sorgen. Habe ich denn nicht so schon übergroße Ehre empfangen durch die erhabene Einfachheit meines Priestertums und durch mein Amt, das ich nicht gesucht habe, sondern das mir von der Vorsehung durch meine Vorgesetzten übertragen wurde? Ich werde mir diesen Punkt ganz besonders zu Herzen nehmen, denn er ist grundlegend, wenn ich Fortschritte machen will. Ich werde nie etwas in dieser Richtung sagen, nie etwas unternehmen und jeden Gedanken als Versuchung von mir weisen, der sich in irgendeiner Weise damit beschäftigt, daß mir meine Vorgesetzten höhere Stellungen oder auszeichnende Aufgaben anvertrauen sollen. [...] Ehren und Auszeichnungen sind auch in der Welt der Kirche »Eitelkeit der Eitelkeiten«: Sie schaffen Glorie für die Dauer eines Tages und sind gefährlich für die Glorie der Jahrhunderte und des Paradieses: Sogar nach menschlicher Weisheit gemessen, sind sie von geringem Wert. Wer sich nahe dabei und mitten darin befunden hat, wie es mir in Rom und in den ersten

*Ich denke immer an die Einfachheit
unserer Felder*

....

zehn Jahren meines Priesteramtes geschah, der kann wirklich sagen, daß es nur Nichtigkeiten sind, die keinen anderen Namen verdienen. Mag aufsteigen, wer will. Ich beneide keinen dieser Glücklichen. »Für mich aber ist es gut, dem Herrn anzuhangen und auf Gott meine Hoffnung zu setzen.«

Exerzitien, 28.4. - 3.5.1919

Ich danke Dir und vereinige mich mit Dir, dem Herrn für die Gnade zu danken, die er mir in meiner Kindheit erwiesen hat und nun auch Dir, unser Leben ihm, seiner Liebe und seinem Dienst zu weihen.

Und dann der heilige Josef so still und mächtig, der uns seit unserem frühesten Alter in seinen Schutz genommen und uns seinen Namen, ja man möchte sagen dürfen, seinen Geist gegeben hat, ist er nicht ein Grund innigster Herzensfreude, da er uns versichert, daß Du und ich auf dem guten Weg sind? *An den Bruder Giovanni, 10.3.1946*

Für den Frieden muß man alles opfern, und aus Liebe zum Herrn sollte man alles im guten Sinn aufnehmen. Was Du mir in Deinem Brief zum Josefstag schriebst, hat mir Freude bereitet. Es ist alles richtig.

*Ich denke immer an die Einfachheit
unserer Felder*

Das Apostolat ist, im Ganzen gesehen, eine grandiose Sache. Praktisch besteht es darin, Gutes zu tun und es mit Aufmerksamkeit und Anmut an dem Platz und unter den Umständen zu tun, in die uns der Herr gestellt hat.

Auch auf der einfachen Linie, die von der Colombera ausgeht, durch die Felder hinabläuft, hinter dem Friedhof und bei den Gerole haltmacht und dann auf der neuen Straße zur Kirche aufsteigt und in Camaitino anlangt, läßt sich ein verdienstliches Apostolat wie das des heiligen Franz Xaver in Indien ausüben. *An den Bruder Saverio, 6.4.1947*

Ich danke dem Herrn, daß er mir die besondere Gabe gewährt hat, immer, unter allen Umständen, vor allen, selbstverständlich mit Takt und Liebe, aber in Ruhe und ohne Furcht die Wahrheit zu sagen. Ein paar kleine Unwahrheiten in meiner Kindheit haben in meinem Herzen den Abscheu vor Doppelzüngigkeit und Lüge hinterlassen. Gerade jetzt, da ich alt werde, soll für mich vor allem gelten: »Die Wahrheit lieben. So mir Gott helfe.« [...]

Die Offenbarung des Unerkannten und Verborgenen der göttlichen Weisheit kommt von selbst.

*Ich denke immer an die Einfachheit
unserer Felder*

Die Wahrheitsliebe gleicht einer immer währenden, ungetrübten und kostbaren Kindheit. Die größten Geheimnisse offenbart der Herr den Kindern und hält sie den Klugen und den so genannten Weisen unserer Zeit verborgen. *Geistliche Notizen, 27.11.1940*

Welch armselige Figur machen doch all die Gelehrten des Jahrhunderts, all die Schlauen und Gerissenen dieser Erde, auch manche der vatikanischen Diplomatie, stellt man sie in das Licht der Geradheit und Lauterkeit, das von dieser grundlegenden und großen Lehre Jesu und seiner Heiligen ausstrahlt! Das ist die sichere Gewißheit, die die Weisheit der Welt beschämt und die so gut, mehr als gut, mit Anstand und echter Vornehmheit übereinstimmt, mit dem Höchsten, was es im Bereich der Wissenschaft, in der Lehre vom Menschen und von der Gesellschaft gibt und in Übereinstimmung mit den Erfordernissen der Zeit, der Orte und Umstände steht. »Hoc est philosophiae culmen, simplicem esse cum prudentia – Das ist der Gipfel der Philosophie: in Klugheit einfach zu sein.« Dieser Satz ist vom heiligen Johannes Chrysostomus, meinem großen Patron aus dem Orient.

*Ich denke immer an die Einfachheit
unserer Felder*

Herr Jesus, bewahre in mir jene Haltung, die diese Schlichtheit liebt und übt, die mich demütig erhält, deinem Geiste immer näher bringt und die Seelen anzieht und ihnen das Heil bringt.

Exerzitien, 23.–27.11.1948

Ich brauche Euch nicht zu sagen ... daß ich friedlich und zufrieden lebe, ohne daran zu denken oder mich darum zu sorgen, etwas anderes als den Willen des Herrn zu tun. Ich verdanke dieses ruhige Sich-Überlassen meines Geistes in die Arme der Vorsehung und des heiligen Gehorsams zum Teil dem Umstand, daß ich auf dem Land geboren wurde, in einer Familie, die arm an irdischen Gütern, aber reich an Gaben und Gottesfurcht ist, vertraut mit den einfachen Dingen der Natur eines jeden Tages und Jahres, also in einem gesunden Organismus ohne Verlangen nach außergewöhnlichen Dingen, wo doch das, was uns der Herr alle Tage durch die Natur schenkt, schon so schön und groß ist.

An die Schwestern Ancilla u. Maria, 10.4.1930

*Ich denke immer an die Einfachheit
unserer Felder*

Meine Veranlagung und meine Erziehung helfen mir, allen gegenüber liebenswürdig, nachsichtig, gefällig und geduldig zu sein. Ich werde davon nicht abweichen. Der heilige Franz von Sales ist darin mein großer Lehrmeister. Ja, könnte ich ihm doch in allem ähnlich werden! Um dem großen Gebot Gottes zu entsprechen, bin ich bereit, Spott und Verachtung hinzunehmen. Das »sanftmütig und demütigen Herzens« ist stets das leuchtendste und ehrenvollste Kennzeichen eines Bischofs und Stellvertreters des Papstes. Ich lasse jedem das Übermaß an Schlauheit und so genanntem diplomatischem Geschick und begnüge mich weiterhin damit, im Empfinden, Reden und Handeln gutmütig und einfach zu sein. Das Ergebnis spricht am Ende immer zu Gunsten dessen, der treu zur Lehre und zu den Beispielen des Herrn steht.

Exerzitien, 8.–13.12.1947

Du und ich, wir stehen unter dem besonderen Schutz des heiligen Josef, der der hauptsächliche Schirmherr des inneren Lebens ist. Oh, wie lieblich ist der Duft des hl. Josef im Garten der heiligen Kirche! Der heilige Josef ist wie eine Blume, die man nicht sieht, so sehr versteckt sie sich und entgeht

*Ich denke immer an die Einfachheit
unserer Felder*

dem Auge, aber ihr Wohlgeruch verbreitet sich überall und sagt: Hier ist der heilige Josef. Wolle Gott, daß man von uns dies sagen könnte! Heiligwerden und heiligen in Demut und im Verborgenen.

An die Nichte Giuseppina, 24.9.1944

Schon viele Jahre und ohne Mühe bekenne ich mich zur Einfachheit und fordere freundlich alle jene heraus, die auf der Jagd nach dem Posten eines Diplomaten des Heiligen Stuhls die äußere glänzende Hülle der gesunden und reifen Frucht vorziehen. Und ich bleibe meinem Grundsatz treu, der, so scheint mir, in der Bergpredigt einen Ehrenplatz hat: Selig sind die Armen, die Sanftmütigen, die Friedfertigen, die Barmherzigen, die nach Gerechtigkeit dürsten, die reinen Herzens sind, die Trauernden, die Verfolgten (vgl. Mt 5,3ff).

Geistliche Aufzeichnungen, 6.–9.4.1950

Wie ich mich über Deine guten Nachrichten freue, so wirst Du Dich über meine freuen. Sicher, hier ist das Leben im großen Stil. Aber es bringt mich nicht in Verlegenheit und schreckt mich nicht, denn

*Ich denke immer an die Einfachheit
unserer Felder*

da ich mich den Händen Gottes anvertraut habe und mein eigenes Interesse ganz ausschalte, handelt der Herr für mich, und es scheint, daß er es gut macht. Ich lege Dir eine Karte bei, auf der Du mich siehst, wie ich an Neujahr mit dem Präsidenten der Französischen Republik rede, umgeben vom Ministerpräsidenten und dem Außenminister: Es ist die Spitze der staatlichen Autorität in Frankreich. Hinter mir ist das ganze Diplomatische Korps. Ich versichere Dir, daß mich das durchaus nicht beeindruckt. Ich stelle mir vor, ich sei in der Colombera unter den Arkaden, und ich fühle mich um keinen Zentimeter erhöht. Ich muß mich aber treu an den Grundsatz halten, daß ich aus mir nichts vermag und aus Gehorsam bereit wäre, alles zu verlassen, um mich zur Madonna von Caneve als Kaplan zurückzuziehen. *An die Nichte Giuseppina, 21.1.1948*

Ich wünsche Dir von Herzen, daß Du immer auf der Höhe des Vaterunsers bleibst. Weißt Du, was das bedeutet? Immer in dieser ruhigen und milden Atmosphäre der Schau Gottes bleiben, des Königs des Himmels und der Erde, unseres gütigen und barmherzigen Vaters, auf der Suche nach der Herr-

*Ich denke immer an die Einfachheit
unserer Felder*

lichkeit seines Reiches und vor allem seines heiligen Willens, worin unsere Vollkommenheit besteht. Dann die Erwartung seines Brotes, des geistigen und des leiblichen, das uns als Lohn für unsere Arbeit zusteht. Dann seine Verzeihung für unsere Fehler und Sünden sowie die Gnade, den anderen in allem und immer verzeihen zu können. Schließlich das Bewahrtwerden vor allem Übel dieses und des anderen Lebens. Was willst Du noch mehr? Und der mütterliche Schutz Mariens. Auch ich sage Dir, daß es mir am Tag ihrer Gottesmutterschaft am 11. Oktober des vergangenen Jahres eine große Freude war, Dich vor jener so schönen Statue unserer Madonna zu trauen, die alle unsere Alten kannte, die meine ersten Kindergebete aufnahm, vor der ich später im Leben so oft froh ihr Fest feierte und mein Lob darbrachte. An jenem Morgen lag ringsum so viel Einfachheit der Natur mit ihren herbstlichen Früchten, so viel Ausdruck neu erwachenden Lebens in all den vielen Knirpsen, die von ihren neugierigen Müttern, diesen guten bescheidenen Frauen, mitgebracht wurden. Eine Szene, die ich nicht leicht vergessen werde. *An die Nichte Teresa, 6.1.1948*

*Ich denke immer an die Einfachheit
unserer Felder*

Ich gehe mitten durch den Reichtum und bleibe arm. Ich empfange Ehren, aber meine größte Ehre besteht darin, als Christ geboren und erzogen zu sein, den Priesterberuf erhalten zu haben und im Geist der Einfachheit zu bleiben – jener Einfachheit des Landes von Sotto il Monte und der bescheidenen Familie, der wir angehören und die meine Freude ist. Im übrigen besteht unsere Ehre darin und muß darin bestehen, daß wir uns bemühen, heilig zu leben, ohne wunder was zu vollbringen, aber in der Absicht, dem Herrn zu gefallen.

An die Schwester Assunta, 15.6.1947

Dankt mit mir dem Herrn. Wenn ich mich inmitten solch großartiger Dinge und zugleich solchen Elends befinde – denn die Welt ist groß, ist schön, aber ist verworren –, denke ich immer an das einfache Leben von Sotto il Monte. Und dieser Gedanke hilft mir immer, macht mich demütig und mutig zugleich. *An den Neffen Saverio, 28.4.1950*

*Ich denke immer an die Einfachheit
unserer Felder*

Als ich mit diesen hohen Persönlichkeiten zusammen war – hoch übrigens als Redewendung –, dachte ich an die Meinen in Sotto il Monte und an unsere Felder. Es genügt, daß der Herr allen die heilige Gottesfurcht und seinen Frieden gibt. Das ist die wirkliche Größe und das einzige Glück ...

Unsere Familien üben sich immer in Armut. Darunter leide auch ich manchmal: Doch dürfen wir uns nicht beklagen. Diese demütige und ergebene Antwort zieht die kostbarsten Gnaden des Herrn an. Das soll nicht heißen, daß man nicht darauf achten solle, die materiellen Verhältnisse zu verbessern. Gleichwohl darf man sich nicht vom Geiz treiben lassen, der das Herz verhärtet, sondern sollte jeden Tag sich über das wenige freuen, das der Herr uns schenkt. Wir müssen uns um das Morgen kümmern wie die fleißige Ameise, aber nicht heute an Hunger sterben, um uns das Morgen zu sichern, das ungewiß ist.

Euch allen danke ich für die Güte, die Verehrung, die Höflichkeit, die Ihr mir auch während dieser Ferien erwiesen habt. Sie waren immer bewegt, wie all die anderen früher, aber sie ließen mir auch manchen ruhigen und stillen Tag in meiner Einsamkeit, die ich so liebe. *An die Familie, 26.9.1948*

XI

*Eine heilige Freude
soll mich niemals verlassen*

*Eine heilige Freude
soll mich niemals verlassen*

~

Mein Gleichmut muß auch aus großer Einfachheit des Geistes, uneingeschränkter Opferbereitschaft und wenig Hintergründigkeit bestehen; ferner vor allem aus Gebet und Vertrauen auf Gott. [...]

Außerdem soll mich eine heilige Freude niemals verlassen, denn was immer auch geschehen mag: »In ihm leben wir, bewegen wir uns und sind wir.«

Ich muß darauf achten, daß ich mich nicht mit Dingen befasse, die nicht zu meiner eigentlichen Aufgabe gehören und dem »Age quod agis – Was du tust, das tue ganz« widersprechen.

Exerzitien, 1.–10.8.1904

Die größte Krankheit ist die, traurig zu sein, dem Herrn nicht zu vertrauen und ihm gleichsam unseren Willen aufzwingen zu wollen.

An die Nichte Enrica, 8.8.1945

Eine heilige Freude
soll mich niemals verlassen

Die Gnade der Ruhe und Gelassenheit ist besonders notwendig. Mit ihr lassen sich alle Übel in Freude ertragen. *An die Schwestern Ancilla u. Maria, 6.11.1939*

Die innere Gelassenheit, die sich auf die Worte Christi und seine Verheißungen stützt, erzeugt eine unzerstörbare Heiterkeit, die sich wie eine Blüte entfaltet im Antlitz, in den Worten, im Benehmen und in der Übung gewinnender Nächstenliebe. Es gibt einen Austausch physischer und geistiger Kräfte in uns:

»Der Seele Süßigkeit ist Labsal für den Leib.« In Frieden mit dem Herrn zu leben, im Wissen um die Vergebung, und unsererseits die Sünden anderer zu vergeben führt zu jener Kraft und Fülle, von der der Psalmist spricht und die auf unseren Lippen das ewige Magnificat erblühen läßt.

Geistliche Notizen, 28.11.1940

Eine heilige Freude soll mich niemals verlassen

Die Freude als wichtigstes Element des geistlichen Lebens, Atmosphäre heroischer Tugenden, als Geist, Antrieb, Schwung und unbeschreibliche Gnade. Gerade die Freude soll als ein Faktor jener Freiheit des Geistes betrachtet werden, die allein fähig ist, anscheinend unvereinbare Eigenschaften des geistlichen Lebens zu vereinen, da sie die straffe Zucht mit der Vertraulichkeit der Liebe zusammenführt.

Zweitens ist die Freude die untrennbare Freundin der Selbstüberwindung. Wir müssen uns um unsere Freude bemühen, damit der Geist in der Selbstüberwindung verharrt, und wir müssen die Selbstüberwindung üben, um unsere Freude zu vermehren.

Ich muß also ständig und unveränderlich fröhlich sein und darf keinen Augenblick aufhören, mich selbst zu überwinden. Die Eigenliebe lähmt die Entwicklung des Geistes und macht uns traurig. Die Selbstüberwindung führt zum Leben, zur Heiterkeit, zum Frieden. *Exerzitien, 9.–18.12.1903*

Eine heilige Freude
soll mich niemals verlassen

Die schwerste Strafe, die David seinem Sohn Absalom, der ihn verraten hatte, auferlegen konnte, war dies: »Du sollst fortan mein Antlitz nicht mehr sehen.« So begreift man, warum er den Herrn anflehte, ihn nicht von seinem Angesicht zu verstoßen. Ein anderes ist es, wenn Gott seinen Blick von der Sünde wendet, ein anderes, wenn er den Sünder von seinem Angesicht verstößt. Das Mysterium des göttlichen Angesichts, wie enthüllt es sich als gewaltig und schauererregend. Und wie sehr versteht man umgekehrt die unsagbare Freude der Seele beim Anblick des Angesichtes des Herrn. Möge der Herr mir die Gnade erweisen, ihn ohne Ende zu schauen.

Exerzitien, 25.11. – 1.12.1940

So ein Weiterleben in täglicher Bereitschaft und Vorbereitung auf einen guten Tod hat zum Ergebnis, daß ich mir im Herzen einen noch lebendigeren und sanfteren Frieden erhalte und vermehre wie nie zuvor, der fast schon ein Vorgeschmack des Himmels ist, wo unsere Lieben uns erwarten.

An die Schwester Maria, 8.1.1955

*Eine heilige Freude
soll mich niemals verlassen*

Es besteht kein Grund, Illusionen zu hegen, vielmehr muß ich mich mit dem Gedanken an das Ende vertraut machen. Nicht mit Schrecken und Zagen, denn das schwächt und ermüdet, wohl aber mit Vertrauen, wodurch der Mut zum Leben, der Eifer zu arbeiten und zu dienen erhalten bleibt.

Seit langem habe ich mir vorgenommen, diesem Grundsatz getreu zu sein, so den Tod zu erwarten, in diesem »Hilarescit – Er wird heiter sein«, das das letzte Lächeln meiner Seele sein soll im Augenblick, da sie aus diesem Leben scheidet. Man muß nicht oft davon sprechen und den anderen damit lästig werden, aber immer daran denken, denn wenn das »iudicium mortis – das Gesetz des Todes« einem vertraut wurde, so ist es gut, es hilft die Eitelkeit auszutilgen und allem den Sinn von Maß und Ruhe zu geben. Was meine irdischen Dinge anbelangt, so werde ich eine Abänderung an meinem Testament vornehmen. Gott sei gelobt, ich bin arm, und so will ich auch sterben. *Geistliche Einkehr, 6.–9.4.1950*

Eine heilige Freude
soll mich niemals verlassen

Ach, wenn ich mich eines Tages von ihnen [den Gläubigen von Istanbul] trennen müßte, das würde mir schwer fallen. Aber mich treibt es ganz spontan, immer den Willen des Herrn zu tun, ohne mich um anderes zu kümmern, so daß mir jede Mühe zu einem wahren Vergnügen wird ...

Praktisch habe ich die Hilfe des Herrn in dem Maße feststellen können, in dem ich mich von mir selber befreie und auf alles aus Liebe zu ihm verzichte; erst kürzlich stellte ich es wieder in wunderbarer und bewegender Weise fest ...

Wir wollen die kleinen Opfer, die kleinen Loslösungen, die kleinen Verzichte, die gegen unser Gefühl gehen, auf uns nehmen: Sie werden sogleich mit so viel innerem Trost vergolten, daß er alle Freuden der Welt übertrifft.

An die Nichte Enrica, 3.1.1942

Sieh, ich denke alle Tage an mein Ende, und da mir der Gedanke daran ganz vertraut geworden ist, erhält er mich heiter und fröhlich. Für einen guten Christen ist dies das Glück: sich immer in der Hand und im Herzen Gottes zu fühlen.

An den Bruder Giovanni, 12.9.1955

Eine heilige Freude
soll mich niemals verlassen

Mein einziger Trost ist, daß ihm die Heiterkeit des Geistes treu bleibt: Sie ist noch mehr wert als die Gnade, Tote zu erwecken, denn sie bedeutet innige Vereinigung mit Gott, der den liebt, der ihn liebt und an ihn glaubt. *An die Nichte Maria Letizia, 1.12.1955*

Freilich stechen und schmerzen auch die kleinen Kreuze. Man muß sie aber mit großer Geduld zu tragen suchen. Meistens hängen sie ein wenig von den Fehlern der anderen und ein wenig von unseren eigenen ab. Der Herr hat mir in meinem Leben viele Freuden beschert, weil ich mich seit langem daran gewöhnt habe, nicht die Fehler der anderen daß auch ich meine Fehler habe: zu schweigen, sofort und von Herzen zu verzeihen, Böses mit Gutem zu vergelten; vor allem demütig im Herzen und im Verhalten den Weg gehen, den die Vorsehung vor mir aufgetan hat, mich begnügend mit dem je heutigen Tag und heimisch in dem Gedanken an den Tod und den Himmel. *An die Nichte Enrica, 8.8.1945*

*Eine heilige Freude
soll mich niemals verlassen*

Fährt auch einmal ein kleiner Sturm daher, der meist wenigstens teilweise unseren Fehlern zuzuschreiben ist, so retten wir uns immer leicht: ein kleiner Akt der Demut im Stillen, ein freundliches Wort zu den anderen um uns herum, und wir setzen fröhlich unseren Weg fort.

An die Nichte Anna, 24.6.1947

Es ist etwas Großes, sich immer bereit zu halten. Was ist denn das Leben für den, der mit den himmlischen Dingen vertraut ist? Es ist ein Warten und nichts weiter. Anders, als sich in Illusionen für morgen und übermorgen zu verlieren. Oft an den Tod zu denken ist auch eine gute Art, sich mehr des Lebens zu freuen. *An die Familie, 27.10.1948*

Wer geduldig ist, leidet weniger, und alles gereicht ihm zum Vorteil. Der Wille des Herrn, seine Liebe und der Gedanke, daß nichts umsonst ist und alles Nutzen bringt für das Leben, das nie zu Ende gehen wird, sind Grund zu Freude und vertrauensvoller Hingabe. *An die Schwester Assunta, 11.2.1948*

Eine heilige Freude
soll mich niemals verlassen

Ich habe es dabei bewenden lassen, die kleinen Ängste Deines Gemüts, die du mir in Deinem letzten Brief anvertraut hast, in meinem Gebet dem Herzen des Herrn zu empfehlen.

Man darf nicht meinen, daß alle Tage heiter sind. Auch die schönsten Tage bringen manchmal Wolken, manchmal Regen, Wind und Unwetter. Aber dann scheint wieder die Sonne, und alles wird auf einmal schöner: Und man versteht den Wechsel der Jahreszeiten wie den Wechsel der Gemütsverfassung. Ob fröhlich oder traurig, unsicher oder entschlossen, fest oder wankelmütig, immer ist man in der Sonne, ungeachtet der Schatten der Laune. Unsere Sonne ist das heiligste Herz, das uns erleuchtet, uns aufmuntert und uns an sich zieht.

An die Nichte Giuseppina, 15.3.1950

Wie Du siehst, ist unser Leben von Schmerz überschwemmt: Und wer im Geist des Glaubens das Geheimnis des Schmerzes durchsteht, wie Du es tust, der darf eines großen Segens und einer großen nahen Freude sicher sein.

An die Nichte Emma, 22.6.1942

*Eine heilige Freude
soll mich niemals verlassen*

Man muß es wie die Sterne des Himmels machen: Der Herr ruft sie, einen nach dem anderen, und sie antworten: Hier bin ich. Ich bin bereit. Wenn wir einmal im Gefühl unserer Weihe von uns gelöst sind, erheben wir uns nach und nach immer mehr und gelangen zwar nicht ohne Mühe, aber schnell genug zur Vollkommenheit, die darin besteht, daß der Wille des Herrn in uns völlig geschieht. Es ist der Vorgeschmack des Himmels.

An die Nichte Anna, 14.12.1946

QUELLENHINWEISE

Die Texte dieser Sammlung stammen aus folgenden Werken Papst Johannes' XXIII.:

Geistliches Tagebuch und andere geistliche Schriften. Deutsche Übersetzung von Fr. Dörr, F. Johna, M. Schätzle, A. Scherer. Verlag Herder, Freiburg i.Br. 1973.

Briefe an die Familie, hrsg. v. Loris Francesco Capovilla. Band 1: 1901–1944; Band 2: 1945–1962. Deutsche Übersetzung von E. Ellinger, P. Pagendarm, F. Schmal, E. Wagener. Redaktion: F. Johna. Verlag Herder Freiburg i. Br. 1969/70.

Bei Briefauszügen ist am Schluß des Textes jeweils der Briefempfänger und das Abfassungsdatum angegeben, so daß sich gegebenenfalls der vollständige Brieftext im Originalband leicht nachschlagen läßt. Auch die Texte aus dem »Geistlichen Tagebuch« sind entsprechend (Exerzitien, Geistliche Einkehr. Geistliche Notizen u. ä. mit Abfassungsdatum) gekennzeichnet und lassen sich so leicht in der Gesamtausgabe auffinden.

Der Text auf Seite 91, unten, Mitte, ist dem Werk von Kardinal Lercaro, Johannes XXIII. – Entwurf eines neuen Bildes, Verlag Herder Freiburg i. Br. 1967, 72, entnommen.

Der Text auf S. 74, oben, stammt aus dem Band: Ein Papst lacht. Die gesammelten Anekdoten um Johannes XXIII., aufgezeichnet von K. Klinger. Verlag Heinrich Scheffler, Frankfurt a. M. 1966, 83.

Zur Seligsprechung Johannes XXIII.
Die faszinierende Biographie des Angelo Guiseppe Roncalli

*176 Seiten mit 20 dokumentarischen s/w-Fotos,
gebunden mit Schutzumschlag
ISBN 3-451-27326-8*

Zweifellos der größte päpstliche Hoffnungsträger des 20. Jahrhunderts: Angelo Guiseppe Roncalli, der Bauernsohn aus Sotto il Monte (Bergamo). Ein Übergangspapst sollte er sein – Und ein Papst des Übergangs wurde Johannes XXIII:, des Übergangs von einer alten in eine neue Zeit der Kirche. Mit dem Zweiten Vatikanischen Konziel öffnete er die Fenster zum Herzen der Kirche und gewann die Herzen der Menschen.
Christian Feldmann legt hier eine packend geschriebene Biographie vor, mit den neuesten Forschungsergebnissen.

HERDER